Tagebuch meiner Heilung

Cathy Moore
Robin Freeman Bernstein

Tagebuch meiner Heilung

Ein Begleiter auf dem Weg zur Genesung

Übersetzt aus dem Englischen
von Nicole Hölsken

Scherz

1. Auflage 1999

Umschlaggestaltung: Kühne Werbeagentur unter Verwendung
eines Fotos der Bildagentur Premium Stock
Photographie, Düsseldorf

Für meinen Vater Tom Moore und meinen Bruder Alan Moore.
Cathy

Für meinen Vater Leonard Freeman und für meine
ganz besonders liebe Kollegin und Freundin Bonnie Sturner
sowie meinen geliebten Freund und Lehrer Bob Gibson.
Robin

und

Für all die mutigen Menschen, die dieses Buch
in diesem Augenblick in Händen halten.
Cathy und Robin

- «Schreiben bietet mir einen Ausweg aus der schwierigen Welt, in der ich lebe. Und während des Schreibens kann ich mich auf mich – und nur auf mich – konzentrieren.»
- «Meinem Tagebuch darf ich alles sagen, ihm kann ich meine Wünsche offenbaren und meine Empfindungen anvertrauen.»
- «Die Tagebucheintragungen helfen mir, einen Kontakt zu meinen Gefühlen herzustellen – zu den Gefühlen, über die ich sonst nicht sprechen kann. Über meine Gefühle zu schreiben ist für mich viel leichter, als über sie zu reden.»
- «Das Schreiben ist, als ob man einen Schrank aufräumt, der bis zum Rand gefüllt ist. Ich finde die Arbeit nicht sonderlich schön, aber es ist gut, wenn sie erledigt ist.»
- «Beim Briefeschreiben kann ich üben, was ich meiner Familie und meinen Freunden mitteilen will. Manchmal gebe ich ihnen ganz einfach die Briefe.»
- «Oft fühle ich mich völlig überfordert. Ich beruhige mich rasch, wenn ich zu schreiben beginne.»
- «Bei meinem Tagebuch muß ich keine tapfere Fassade zur Schau stellen. Ich darf verängstigt, wütend, besorgt sein, darf meine Gefühle ohne Zensur ausdrücken. Ich darf einfach nur ich sein.»
- «Als Kind durfte ich meine Gefühle nie zum Ausdruck bringen, deshalb schloß ich sie tief in meinem Innern ein. Wenn ich jetzt die Themenvorschläge am Kopf einer jeden Seite lese, hilft mir das dabei, mich meinen Gefühlen zu stellen. Durch das Schreiben kann ich sie freilassen. Es verhindert, daß ich meine Krankheit verleugne, und unterstützt mich im Kampf um mein Leben. Durch das Schreiben widme ich mich wieder mir selbst und meiner Heilung.»
- «Wenn ich mit dem Schreiben fertig bin, kann ich meine Ängste und Sorgen in meinem Tagebuch und meinen Briefen hinter mir lassen und mir eine

Verschnaufpause gönnen. Meine Ängste werden auf mich warten, bis ich bereit bin, mich ihnen aufs neue zu stellen.»

- «Mein Tagebuch ist 24 Stunden am Tag für mich da. Das ist ein großer Trost.»

Diese Erfahrungen möchten wir auch Ihnen gerne vermitteln.

Der erste Teil des Buches ist Ihr ganz persönliches Tagebuch. Wir haben hierzu verschiedene Anregungen zusammengestellt. Einige Äußerungen stammen von Menschen, die mit einer Diagnose oder einer Krankheit leben müssen, andere stammen aus der medizinischen Literatur und aus psychologischen Untersuchungen, die das Zusammenwirken von Körper und Seele erforscht haben, einige aus Dokumentationen. Hier geht es um Themen wie:

«Heute wurde aus mir eine Patientin/ein Patient.»

«Ich bin mutig ...»

«Mitten in der Nacht wache ich häufig auf und kann nicht mehr einschlafen, weil mir so viele Gedanken durch den Kopf gehen und ich keine Ruhe mehr finde. Ich will versuchen, diese Gedanken aufzuschreiben ...»

Wir hoffen, daß die Tagebuchaufzeichnungen Ihnen dabei helfen werden, die Krankheit geistig, emotional und physisch zu akzeptieren und zu verhindern, daß die Krankheit die Kontrolle über Ihr Leben und Ihre Gedanken übernimmt.

Der zweite Teil des Buches ist dem Briefeschreiben gewidmet. Oft ist es sehr viel einfacher, die innersten Gefühle, Gedanken, Sorgen, Wünsche und Hoffnungen in Form eines Briefes zum Ausdruck zu bringen. Das Briefeschreiben verleiht der kranken Person emotionale Freiheit; sie kann dem Empfänger oder der Empfängerin des Schreibens ein Geheimnis anvertrauen, kann ihre tiefsten

Gefühle mit ihm teilen oder sie wissen lassen, wie wichtig er/sie ist und wie sehr sie diesen Menschen liebt. Diese schreibende Auseinandersetzung mit den eigenen Gedanken und Gefühlen verleiht dem Schreibenden innere Stärke und Seelenfrieden. In einem persönlichen Brief können die intimsten und bewegendsten menschlichen Gefühlsäußerungen ausgedrückt werden, und für den Empfänger ist er ein Geschenk, das Ihre Unterschrift trägt.

Wir heißen Sie nochmals herzlich willkommen und wünschen Ihnen, daß Sie mit Hilfe Ihres Tagebuches Verständnis, Klarheit, Akzeptanz, Stärke, Trost und Heilung finden.

Ihre Cathy und Robin

1

Mein Tagebuch

Wie Sie dieses Tagebuch am besten nutzen

Liebe Leserin, lieber Leser

Herzlich willkommen! Hier möchten wir Sie einladen, Ihre Gefühle und Erfahrungen niederzuschreiben, die Sie beschäftigen, seit Sie zum ersten Mal mit Ihrer Diagnose konfrontiert wurden. Von diesem Moment an hat sich Ihr Leben von einem Tag auf den anderen verändert. Als Therapeuten machen wir immer wieder die Erfahrung, daß viele Menschen beim Tagebuchschreiben Einsicht, Trost und Heilung finden. Das Tagebuch hilft Ihnen, stärker in Kontakt mit sich selbst zu treten. Sie werden bald feststellen, daß dieses Bei-sich-selbst-Sein Ihnen auch im Umgang mit anderen guttut.

Als wir uns die Gliederung des Tagebuches überlegten, waren wir uns darüber im klaren, daß viele von Ihnen bereits erfahrene Tagebuchschreiber sind und nur sehr wenig Anleitung brauchen, um dieses Buch sinnvoll nutzen zu können. Aber manche schreiben vielleicht zum ersten Mal ein Tagebuch und wissen nicht so recht, wie man damit beginnt. Uns ist aufgefallen, daß unsere Patienten uns immer wieder dieselben Fragen stellen: «Was soll ich denn überhaupt schreiben?», «Wenn ich das leere Papier vor mir sehe, bin ich blockiert und weiß nicht, wie ich anfangen soll. Wie kann ich das ändern?» Wir begannen also, unseren Patienten kleine Tips und Hinweise zu geben, und stellten eine Liste mit Themenvorschlägen zusammen, mit denen sie sich auseinandersetzen konnten. Diese Hilfen schienen gut zu wirken: Bald schon stellten wir fest, daß Zögern, Unsicherheit und Verwirrung verschwanden und die Patienten mit Freude zu schreiben begannen. Wir hoffen, daß die Themenvorschläge auch für Sie hilfreich sein können. Bevor Sie mit dem Schreiben beginnen, schlagen wir Ihnen vor, das Tagebuch einfach einmal nur durchzublättern und sich den Aufbau in Ruhe anzusehen. Vielleicht werden Sie auf ein

Thema stoßen, das Sie anspricht oder mit dem Sie sich bereits beschäftigen und zu dem Sie jetzt etwas schreiben möchten.

In den ersten beiden Abschnitten Ihres Tagebuches können Sie sich mit Ihren Gefühlen befassen. Am Kopf jeder Seite finden Sie Platz, um das Datum und eines der vorgeschlagenen Themen einzutragen. Sie können Themen auch einfach überschlagen und Ihren eigenen Gedanken folgen. Beim Tagebuchschreiben gibt es kein «Muß». Genausogut können Sie über ein Thema auch nur nachdenken, ohne ein Wort darüber zu schreiben.

Den letzten Teil des Tagebuches nennen wir «Selbstreflexionen». Er ist etwas anders aufgebaut als die ersten beiden Teile und widmet sich bestimmten Bereichen, über die sich ein kranker Mensch Gedanken oder gar Sorgen macht: Arztwahl und Behandlungsmethoden, Finanzen, körperliche Veränderungen, aber auch Vergnügen und Freude sind hier ein Thema. Nicht alle der genannten Themen werden Sie interessieren oder betreffen, deshalb widmen wir nicht jedem Thema eine ganze Seite, sondern haben eine Liste zusammengestellt. Wenn ein Gedanke Sie interessiert, können Sie Ihre Eintragungen dazu einfach auf einer der leeren Seiten, die folgen, machen. Wir empfehlen unseren Patienten immer, das Datum zu notieren. Später möchte man vielleicht gerne einmal nachschlagen und nachlesen, was man zu einem früheren Zeitpunkt zu einem Thema geschrieben hat. Unsere Patienten erzählen uns dann oft, daß sie anhand des früher Geschriebenen feststellen können, daß eine Entwicklung stattgefunden hat. Ein positives Erlebnis!

Denken Sie immer daran, daß Ihr Tagebuch 24 Stunden am Tag für Sie – und nur für Sie! – da ist. Je intensiver Sie sich ihm zuwenden und sich mit Ihrer Krankheit auseinandersetzen, um so mehr werden Sie das verstehen, was Sie gerade durchmachen. Gleichzeitig werden Sie spüren, daß Sie innerlich stärker werden und so besser mit Ihrer Krankheit leben und umgehen können.

Cathy und Robin

Nach der Diagnose

Wenn das Schicksal einen zu Boden wirft,
sollte man immer daran denken, daß derjenige,
der auf dem Rücken liegt, nach oben blickt.

ANONYM

DATUM:

THEMA: *Mein Arzt hat mir soeben die Diagnose mitgeteilt. Ich bin verwirrt, verstört und traurig …*

DATUM:

THEMA: *Immer wieder stelle ich mir die Frage: «Warum ausgerechnet ich?»*

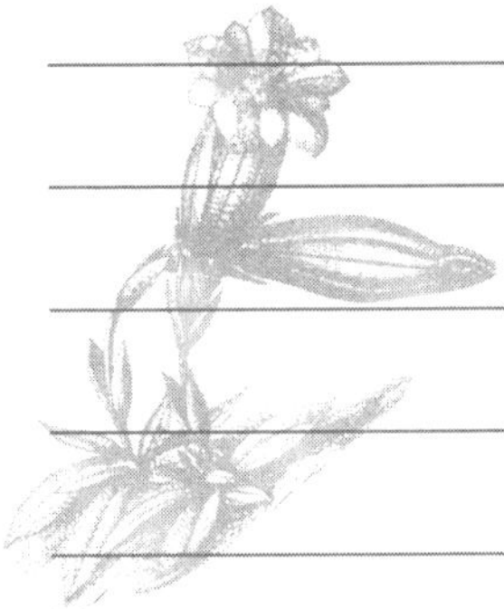

DATUM:

THEMA: *Ich werde noch einen zweiten Arzt konsultieren …*

Datum: ____

Thema: *Ich bin in eine Buchhandlung gegangen und habe dort ein wunderbares Buch gefunden, sein Titel lautet ____________.*
Es hilft mir …

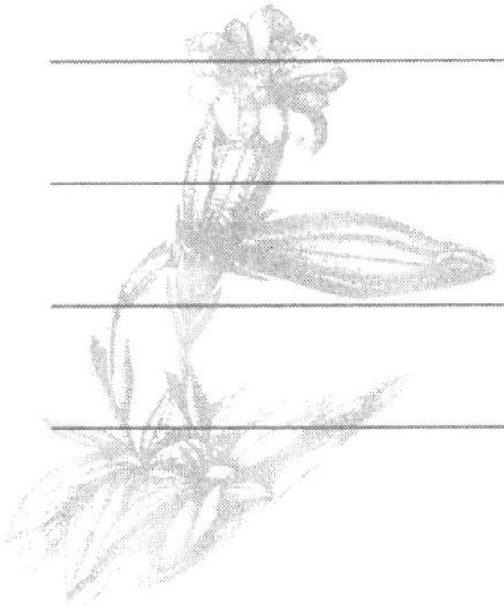

Wissen ist die Nahrung der Seele.
Platon

DATUM:

THEMA: *Ich habe einige hervorragende Bücher gekauft,*
die mir dabei helfen, zu verstehen,
was in und mit meinem Körper geschieht.
Aber sie liegen immer noch unberührt auf meinem
Schreibtisch …

DATUM: ____________________

THEMA: *Ich informiere mich über meine Krankheit. Ich möchte aktiv an meiner Behandlung und an meiner Heilung mitwirken …*

Mensch, lerne, lerne, frage, frage
und schäm dich nicht, zu lernen und zu fragen.
PARACELSUS

DATUM:

THEMA: *Ich habe dieses Tagebuch gekauft, aber hineingeschrieben habe ich bisher noch nichts …*

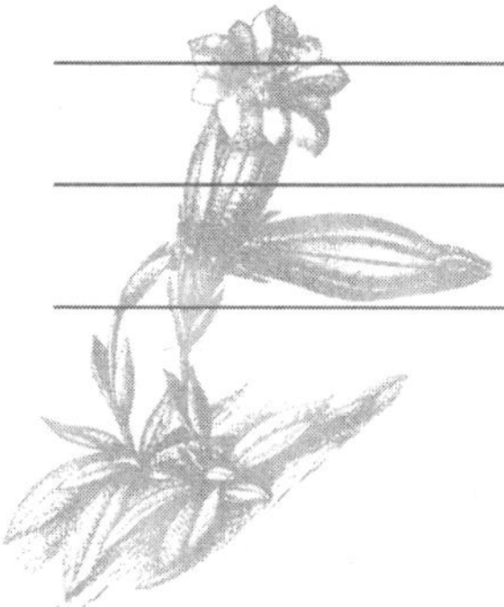

Wir können alles tun, was wir wollen,
wenn wir nur hartnäckig genug sind.
HELEN KELLER

Datum:

Thema: *Wie soll ich es meinen Kindern erklären?*

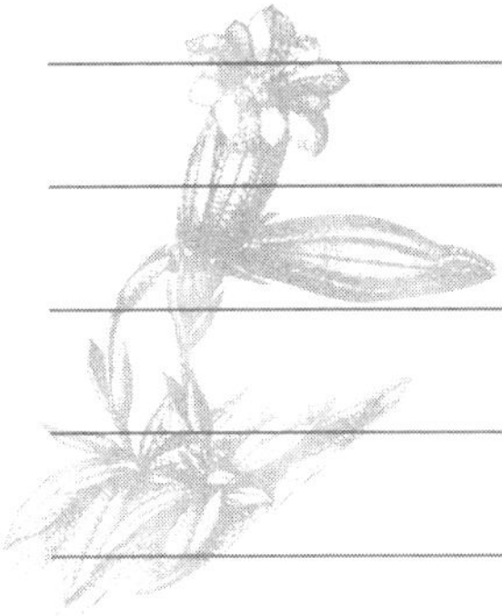

DATUM: ______________________

THEMA: *Wie soll ich es meinen Eltern sagen?*

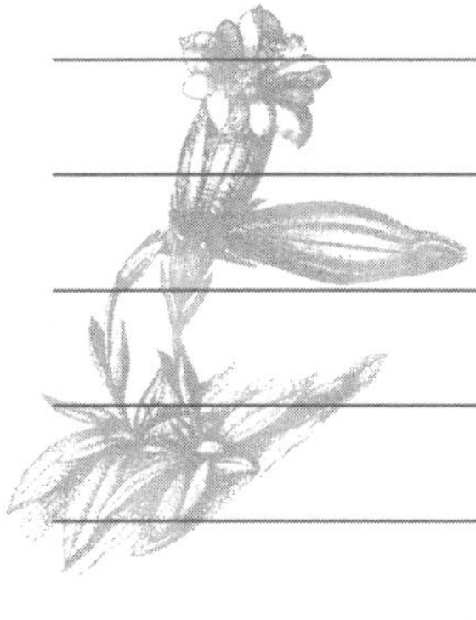

DATUM:

THEMA: *Heute wurde aus mir eine Patientin / ein Patient …*

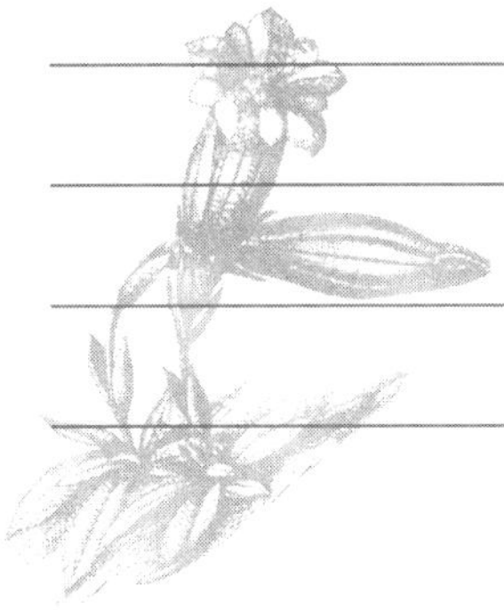

Der Anfang ist der wichtigste Teil der Arbeit.
PLATON

DATUM:

THEMA: *Ich fürchte mich vor dem, was auf mich zukommt.*

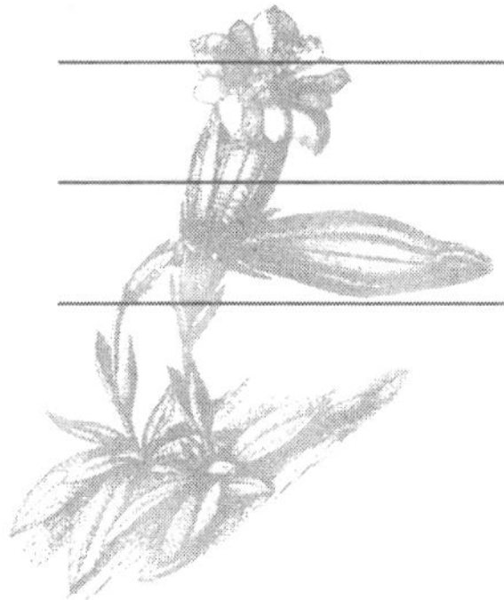

Es ist aber der Glaube das feste Vertrauen auf das Erhoffte,
ein Überzeugtsein von dem, was man nicht sieht.
HEBRÄERBRIEF 11:1

Datum:

Thema: *Heute hat mir mein Arzt mitgeteilt, daß er eine Operation für notwendig hält.*

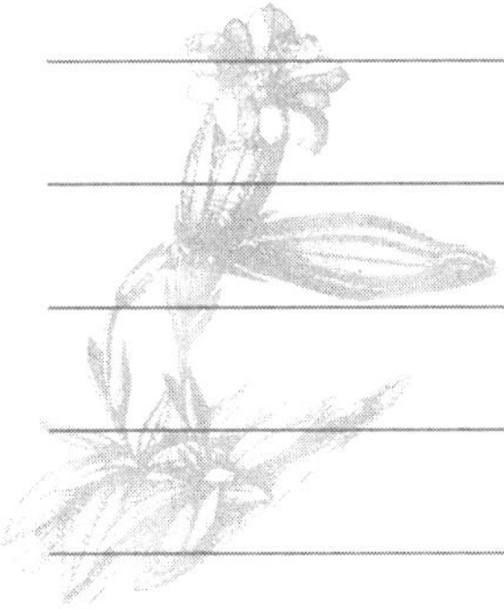

DATUM:

THEMA: *Mir wirbeln so viele Gedanken durch den Kopf, daß ich nicht mehr ein noch aus weiß.*

DATUM:

THEMA: *Ich habe mir vorgenommen, immer nur einen Schritt auf einmal zu machen.*

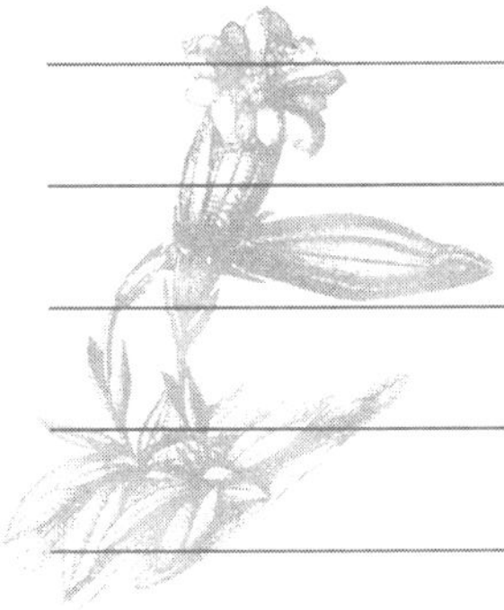

DATUM:

THEMA: *Ich will leben!*

Ihr schwerstes Geschütz (bei einer Krankheit) ist Ihr Wille
zu leben. Diese große Waffe sollten Sie immer
mit Munition versorgen.

NORMAN COUSINS

DATUM:

THEMA: *Ich bin bereit, mich zu verändern.*

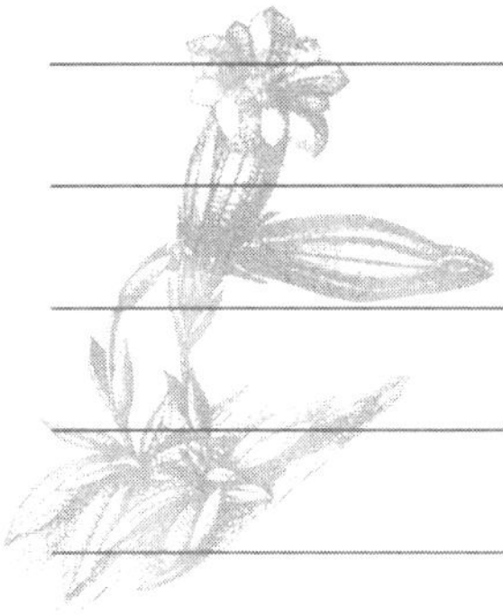

DATUM: ______

THEMA: *Meine Freunde und meine Familie haben mir viel Unterstützung gegeben. Besonders bewegt hat mich …*

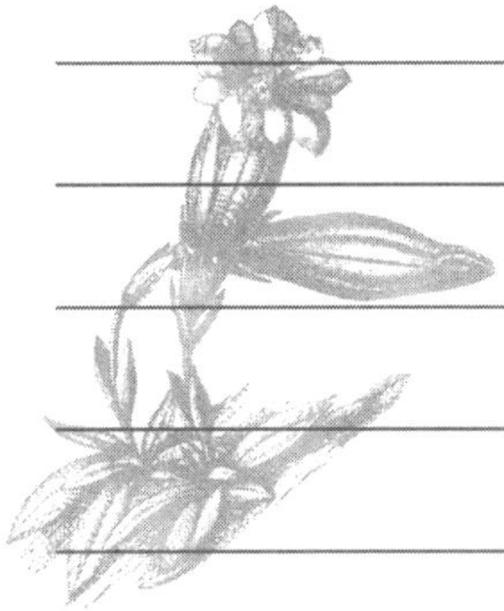

DATUM: ______________________________

THEMA: *Ich werde es nicht zulassen, daß Statistiken mich verängstigen oder meine Gedanken beherrschen.*

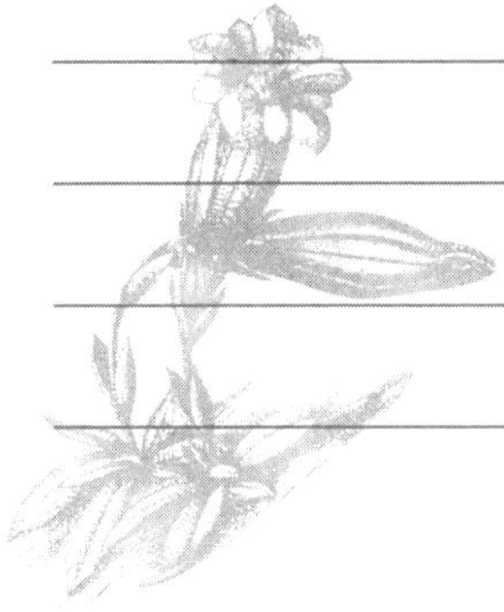

Die Gegenwart gehört uns.
THOMAS LOVE PEACOCK

DATUM:

THEMA: *Wenn die Nacht hereinbricht und alles im Haus still ist, dann fühle ich …*

Datum:

Thema: *Ich fühle mich so verletzlich.*

Datum:

Thema: *Manchmal habe ich das Gefühl, daß ich die Krankheit selbst verschuldet habe, obwohl man mir immer wieder versichert, daß das nicht stimmt …*

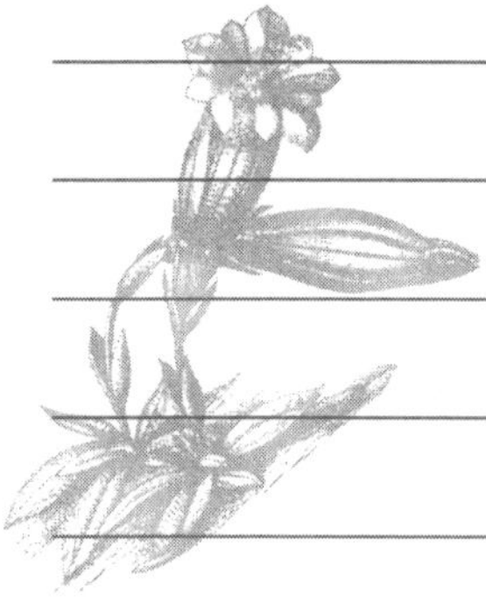

Datum: ______

Thema: *Ich frage mich immer wieder, welche Botschaft die Krankheit in sich birgt. Was kann ich lernen?*

DATUM: ______________________________

THEMA: *Ich muß arbeiten; das hilft mir, mich etwas abzulenken, so daß ich nicht ununterbrochen über die Krankheit nachdenke.*

Datum:

Thema: *Ich muß ins Krankenhaus.*

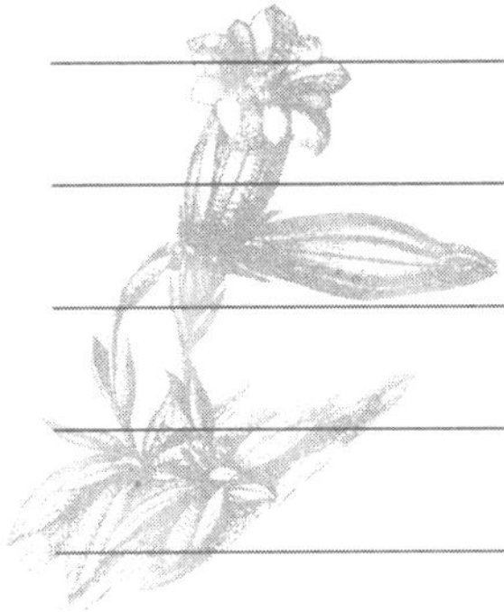

DATUM:

THEMA: *Ich spüre, daß ich heute sehr gut zu mir sein muß.*

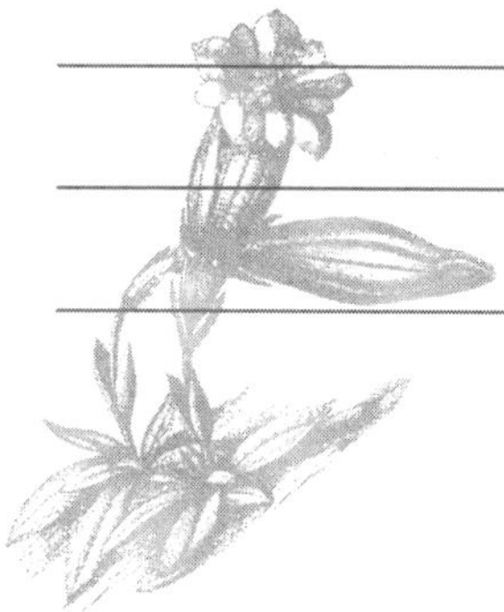

Selbstliebe ist keine solch verwerfliche Sünde
wie Selbstvernachlässigung.
WILLIAM SHAKESPEARE

Datum: ______________________

Thema: *Ich empfinde physischen Schmerz.*

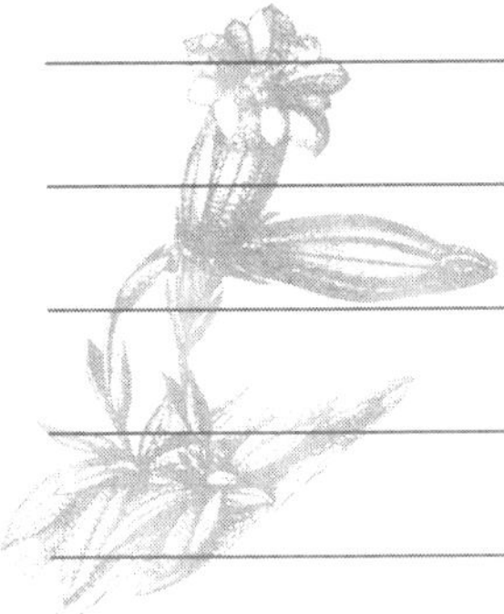

DATUM:

THEMA: *Ich habe Angst, daß meine Krankheit unheilbar ist.*

Datum: ______________________

Thema: *Ich werde gern berührt und in den Arm genommen. Dann habe ich das Gefühl, daß …*

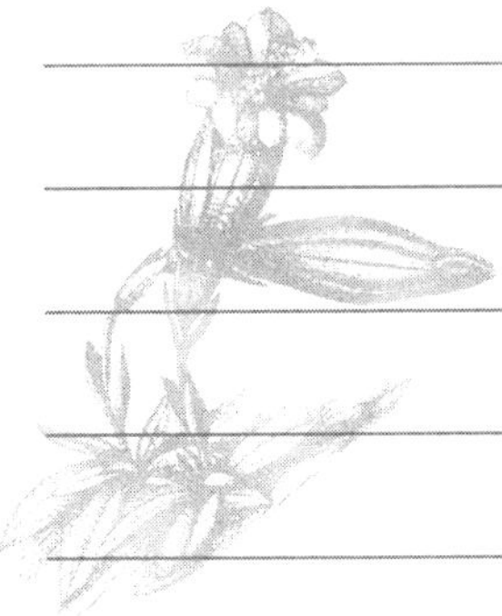

Datum:

Thema: *Ich habe beschlossen, einen Therapeuten aufzusuchen.*

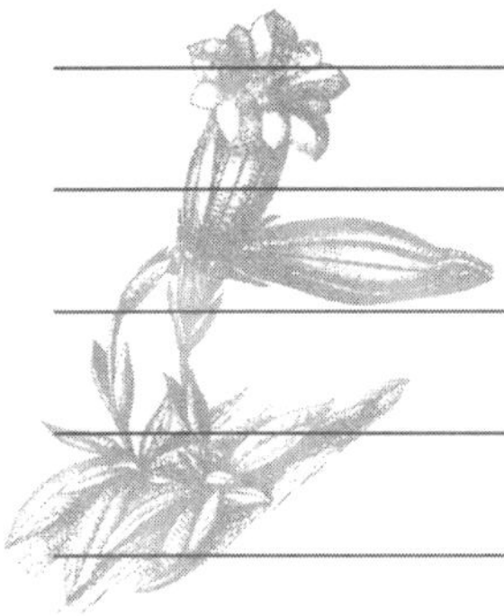

Datum:

Thema: *Ein paar Bemerkungen über meine Therapie …*

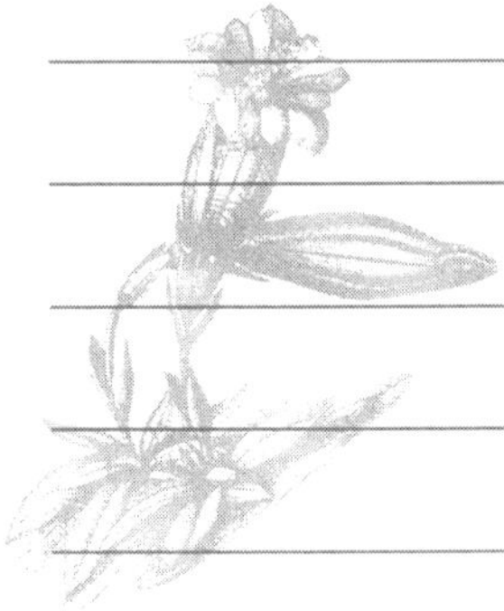

Datum:

Thema: *Ich bin heute sehr niedergeschlagen und habe das Gefühl, daß die Diagnose einem Todesurteil gleichkommt.*

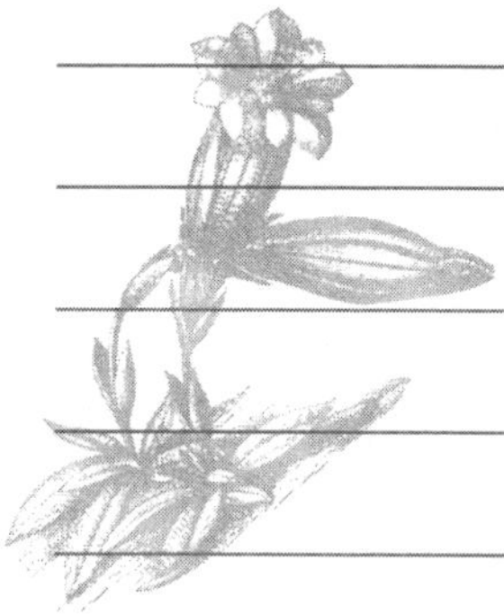

Datum: ______________________

Thema: *Ich werde mich einer Selbsthilfegruppe anschließen. Jetzt fühle ich …*

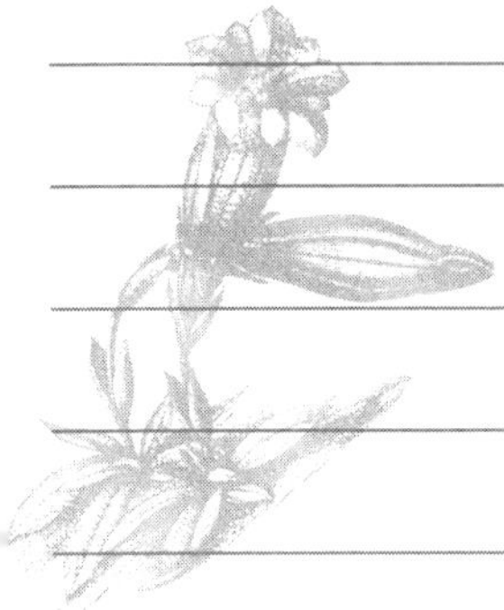

DATUM:

THEMA: *Anmerkungen zu meiner Selbsthilfegruppe:*

DATUM: ______________________________

THEMA: *Heute habe ich ______________________*
von der Diagnose erzählt.

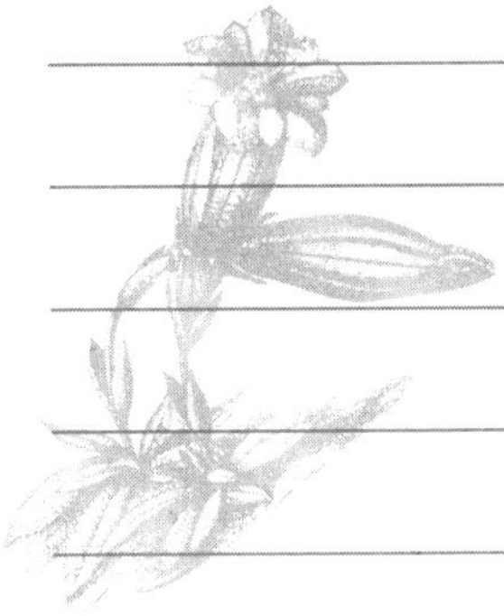

DATUM:

THEMA: *Ich habe die Freiheit, heute alles zu erleben, was ich spüre. Ich werde meine Gefühle nicht bewerten.*

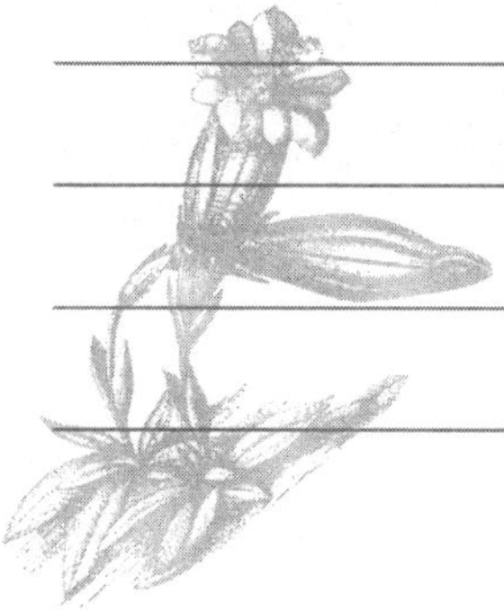

[…] der Weise lebt in der Ewigkeit das Jetzt.
PETER HORTON

DATUM:

THEMA: *Ich habe heute viel geweint, und das hat mir sehr gut getan.*

Für diese Erleichterung sei Dank.
WILLIAM SHAKESPEARE

DATUM:

THEMA: *Heute bin ich sehr deprimiert: Ich habe keine Lust, aufzustehen, mich anzuziehen, die Fensterläden zu öffnen oder mit irgend jemandem zu sprechen. Ich will mich nicht unter Druck setzen und mir heute die Freiheit, niedergeschlagen zu sein, gewähren.*

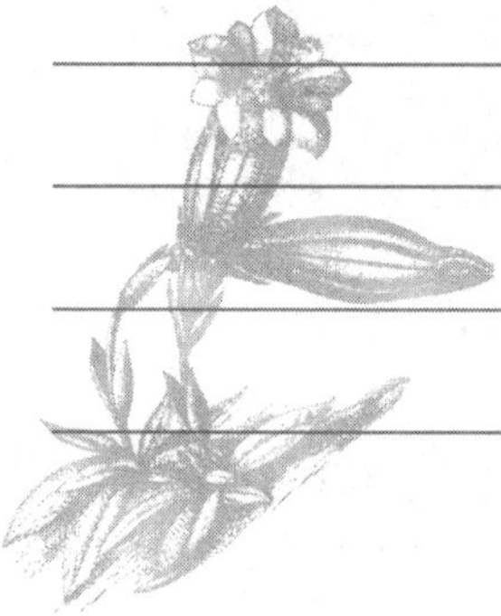

Manchmal ist Nichtstun ein großartiges Heilmittel.
HIPPOKRATES

DATUM: ______________________

THEMA: *Ich spüre, daß ich mich von allen Menschen zurückziehe.*

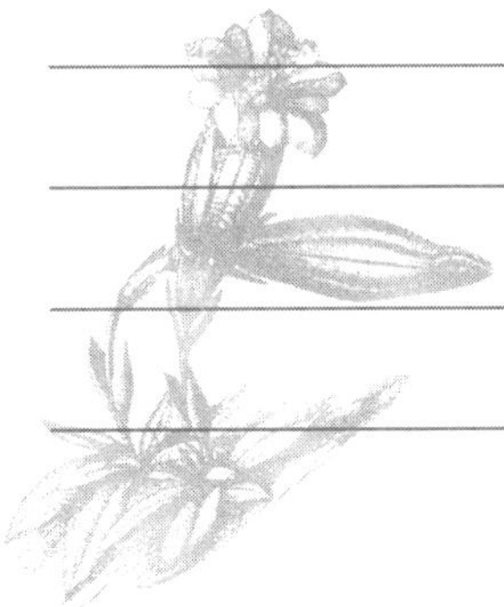

Mach da, wo du bist, aus dem, was du hast, das Beste.
THEODORE ROOSEVELT

DATUM:

THEMA: *Ich bin so wütend!*

DATUM:

THEMA: *Seit der Diagnose bin ich mit meiner Sterblichkeit konfrontiert. Ich fühle …*

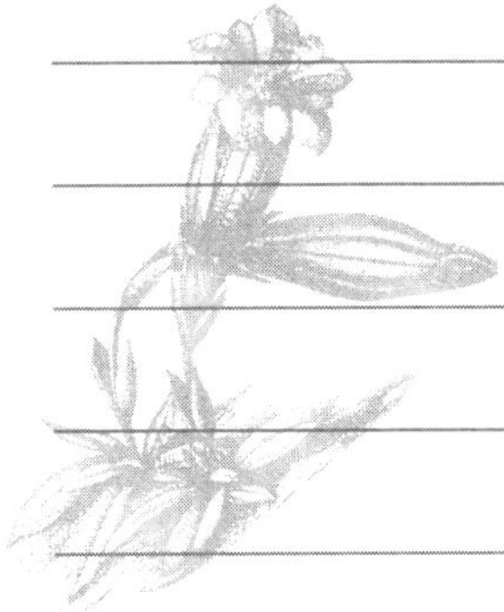

DATUM:

THEMA: *Ich werde mir eine Pause gönnen und nicht über meine Krankheit nachdenken.*

DATUM:

THEMA: *Ich liebe an meinem Leben:*

Datum:

Thema: *Das mag ich an mir selbst:*

DATUM:

THEMA: *Träume – Gedanken – Gedichte*

DATUM:

THEMA: *Träume – Gedanken – Gedichte*

DATUM:

THEMA: *Träume – Gedanken – Gedichte*

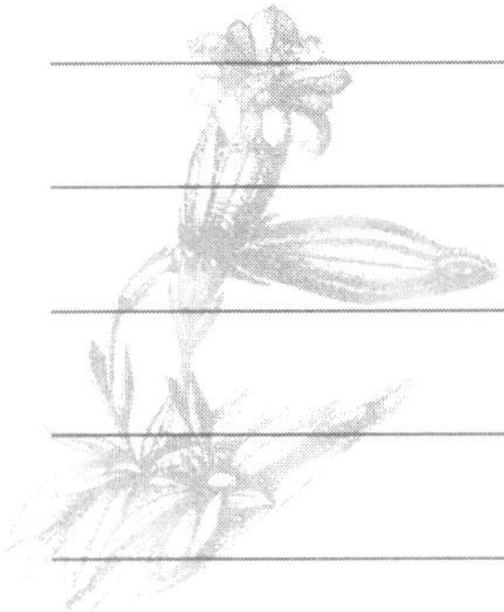

DATUM: ____________________

THEMA: *Ich weiß das Leben jetzt viel mehr zu schätzen.*

Schließe den Tag, der hinter dir liegt, ab und laß ihn hinter dir. Du hast dein Bestes gegeben. Einige Schnitzer und Ungereimtheiten ließen sich zweifelsohne nicht vermeiden; vergiß sie so schnell wie möglich. Morgen ist ein neuer Tag; beginne ihn voller Heiterkeit und mit so viel Optimismus, daß deine Torheiten vom Vortag ihn nicht trüben können. Dieser Tag ist wunderbar und schön. Mit all seinen Hoffnungen und allem, wozu er dich einlädt, ist er viel zu kostbar, als daß du noch einen weiteren Gedanken an das Gestern verschwenden solltest.

RALPH WALDO EMERSON

DATUM:

THEMA: *Es hilft mir sehr, wenn mir jemand zuhört …*

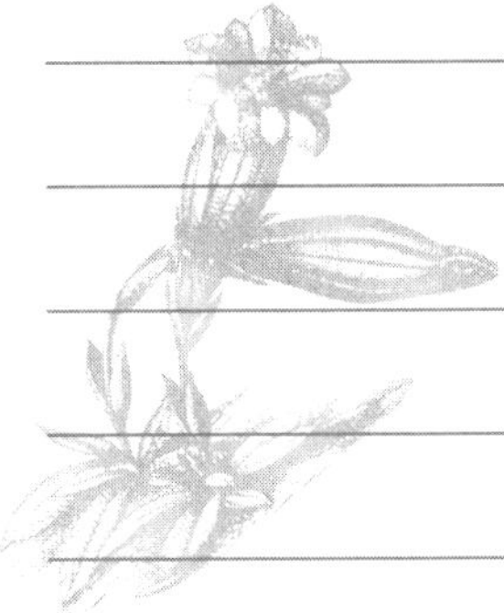

Datum:

Thema: *Ich fühle mich heute schlecht und niedergeschlagen, doch ich werde nicht zulassen, daß dieses Unbehagen mir den Tag verdirbt …*

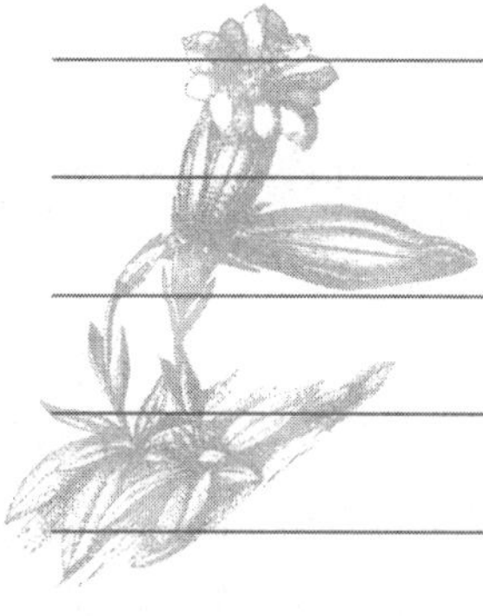

Datum:

Thema: *Mein Sinn für Humor …*

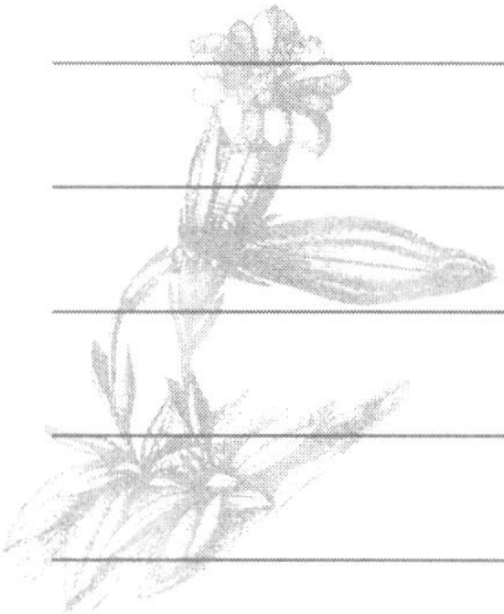

Datum:

Thema: *Meine Freunde/meine Familie haben mir mitgeteilt, daß sie gegen die Art der Behandlung, für die ich mich entschieden habe, sind. Das hinterläßt in mir ein Gefühl der…*

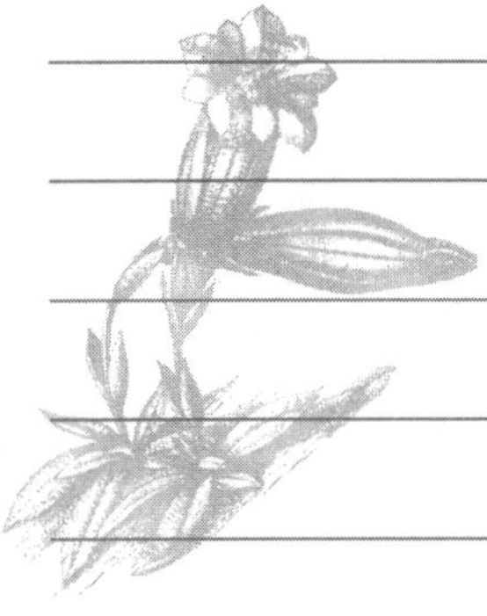

DATUM: ______________________________

THEMA: *Wenn ich mich nicht wohl fühle, frage ich mich, ob mein Unbehagen wohl damit zusammenhängt, daß die Krankheit weiter fortschreitet. In diesen Momenten empfinde ich …*

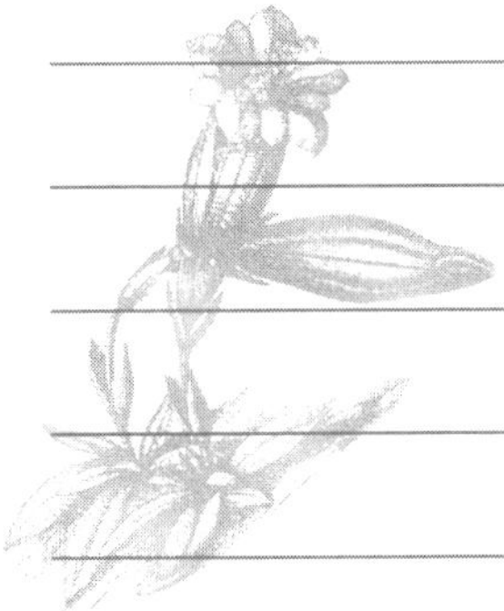

DATUM:

THEMA: *Ich kann nicht schlafen …*

DATUM: ______________________________

THEMA: *Ich leide im Moment sehr und ich frage mich, wieviel Schmerz ich noch ertragen kann …*

Wenn Schmerz und Erschöpfung meine Begleiter sind,
Gib meinem Herzen Stärke.
Wenn die Tage und Nächte voller Dunkelheit sind,
Laß das Licht des Mutes mir leuchten.
Hilf mir, mein Leid zu ertragen und die Angst zu zerstreuen.
Erneuere den ruhigen Geist
aus Vertrauen und Frieden in meinem Inneren.

Datum:

Thema: *Ich bin dankbar, daß meine Kinder (mein Partner, meine Freunde, meine Familie) für mich da sind. Wäre dies nicht der Fall, würde ich …*

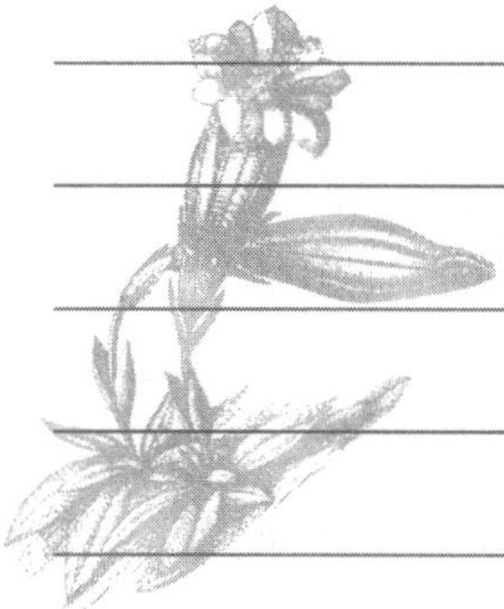

DATUM: ______________________________

THEMA: *Ich bin wütend (oder ______________________). All die Pläne, die ich für mein Leben und für die Zukunft gemacht habe! Wegen der Krankheit werde ich sie möglicherweise nicht realisieren können.*

DATUM:

THEMA: *Mir fehlen die Worte, um meinen Schmerz, meinen Zorn, meine Gedanken zu beschreiben. Vielleicht sollte ich versuchen, all meine Gefühle mit einem Bild, beim Malen auszudrücken …*

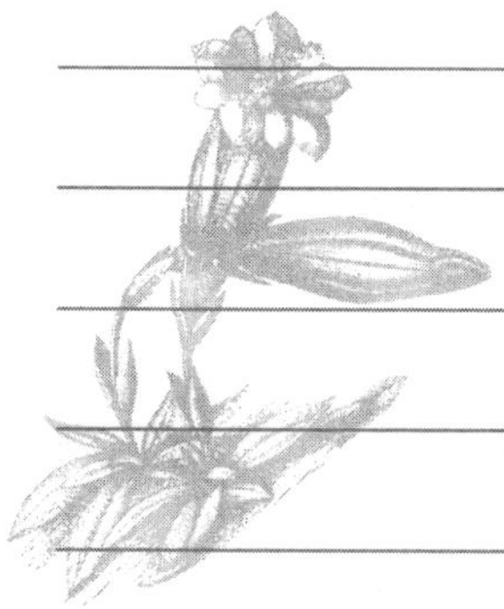

Datum:

Thema: *Ich habe Angst …*

DATUM:

THEMA: *Ich kann meine Furcht nicht beschreiben. Vielleicht kann ich sie malen …*

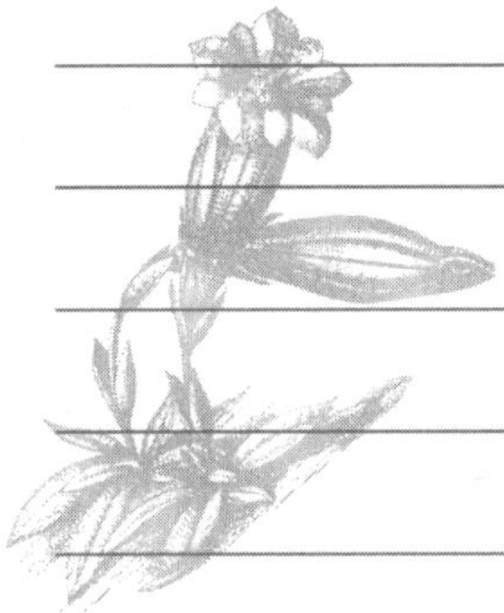

Datum:

Thema: *Manchmal habe ich immer noch das Gefühl, daß ich diese Krankheit selbst verschuldet habe.*

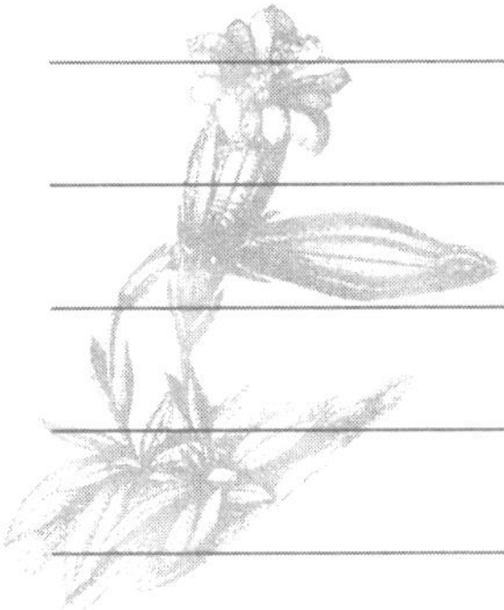

DATUM:

THEMA: *Wenn ich um den Verlust meines Lebens,*
wie ich es vor der Krankheit geführt habe, trauere,
kann ich mich danach mit meiner ganzen Kraft
dem Leben zuwenden, das ich heute führe …

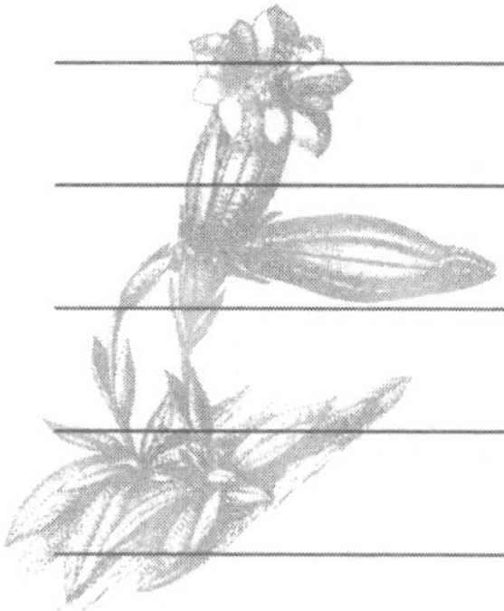

Datum:

Thema: *Ich frage mich, ob ich mich physisch jemals wieder richtig erholen werde …*

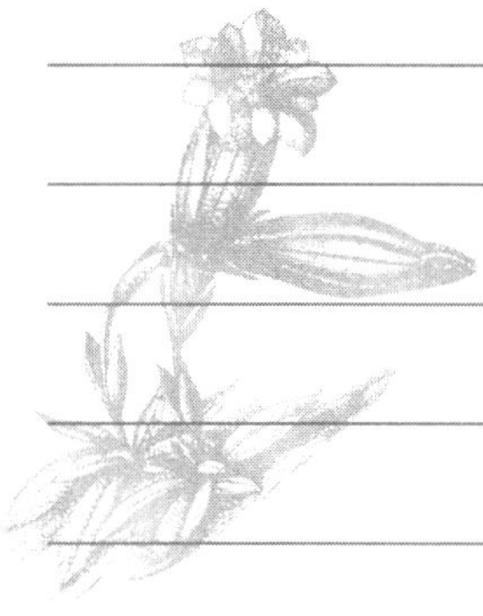

DATUM:

THEMA: *Ich stelle fest, daß ich jeden Augenblick des Lebens genießen kann …*

DATUM:

THEMA: *Ich habe mir vorgenommen, immer nur einen Schritt auf einmal zu machen …*

Ich denke niemals über die Zukunft nach.
Die kommt noch früh genug.
ALBERT EINSTEIN

DATUM:

THEMA: *Heute fühle ich mich einsam …*

DATUM:

THEMA: *Erinnerungen, die mir in dieser schwierigen Zeit Stärke geben, sind …*

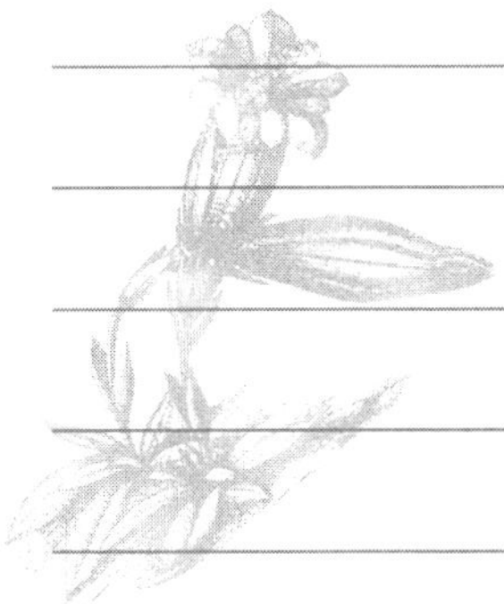

Datum:

Thema: *Wenn ich mich für andere Menschen interessiere, konzentriere ich mich weniger auf mich selbst. Das hilft mir …*

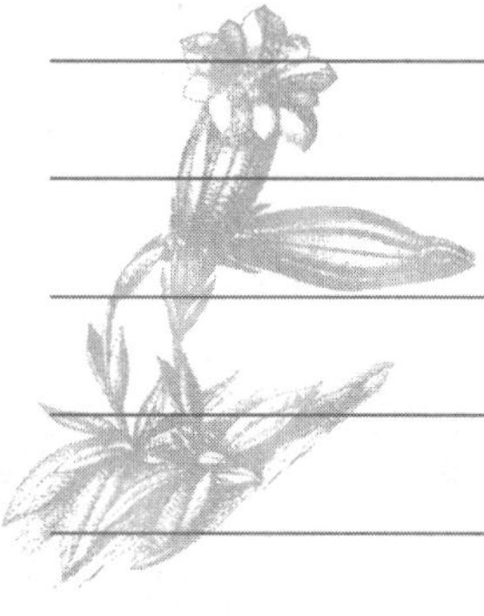

DATUM: ______________________________

THEMA: *Ich spüre, daß es überall wunderbare Gelegenheiten zur Heilung gibt …*

Bittet, und es wird Euch gegeben.
Suchet, und Ihr werdet finden.
Klopfet an, und es wird Euch aufgetan.
MATTHÄUSEVANGELIUM 7:7

DATUM:

THEMA: *Ich wünschte, die Menschen würden damit aufhören, mich zu fragen, wie es mir geht.*

Datum: ______________________

Thema: *Es ist gut, daß ich meine Erfahrungen mit anderen leidenden Menschen teilen kann. Wenn ich höre, wie andere mit ihrem Schicksal umgehen …*

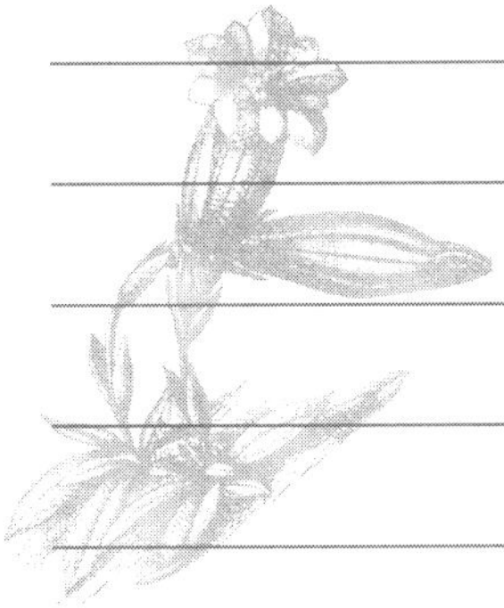

Datum:

Thema: *Als ich im Wartezimmer saß und auf meine Behandlung wartete, erzählte eine Frau/ein Mann neben mir eine Geschichte, die ihr/ihm die Kraft gegeben hat weiterzuleben. An diese Worte und diese Geschichte der Hoffnung will ich mich immer erinnern …*

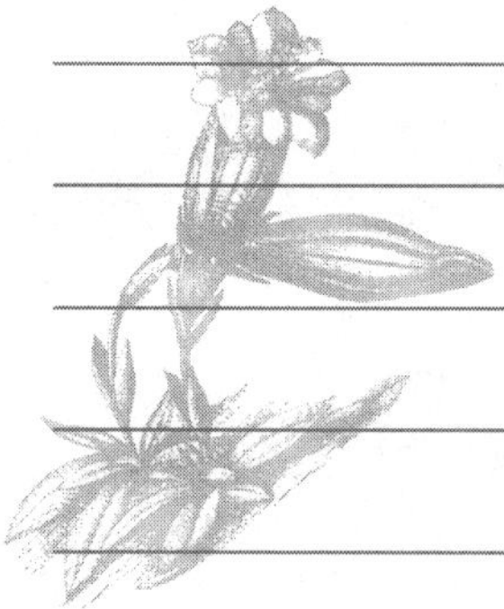

DATUM:

THEMA: *Heute will ich mir selber viel Zuneigung und Aufmerksamkeit schenken …*

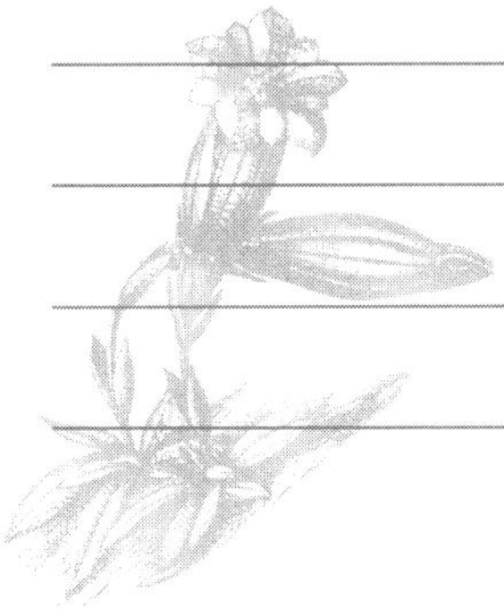

Selbstliebe ist das Mittel unserer Selbsterhaltung.
VOLTAIRE

DATUM:

THEMA: *Heute habe ich mich entschlossen, mein Testament zu machen. Ich fühle …*

DATUM: ______________________________

THEMA: *Ich fühle mich besser, jetzt, da ____________ nicht länger ein Geheimnis ist …*

DATUM:

THEMA: *Meine Krankheit weist mich ständig in Schranken …*

DATUM:

THEMA: *Ich bete für …*

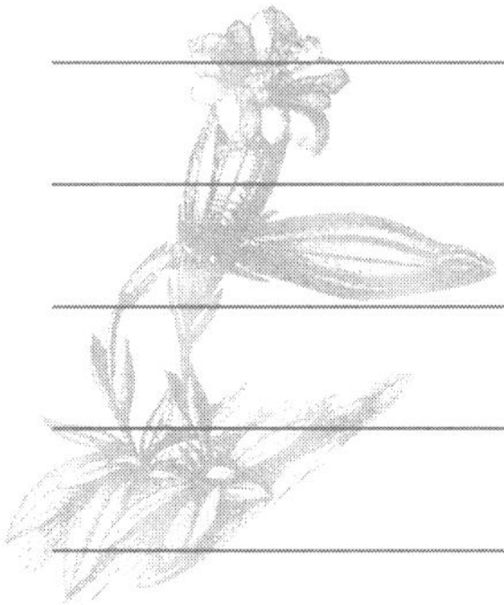

DATUM: ______________________________

THEMA: *Ich will den Groll, den ich gegen einige Menschen und Ereignisse in meinem Leben hege, loswerden. Daran festzuhalten bedeutet nur eine zusätzliche Last …*

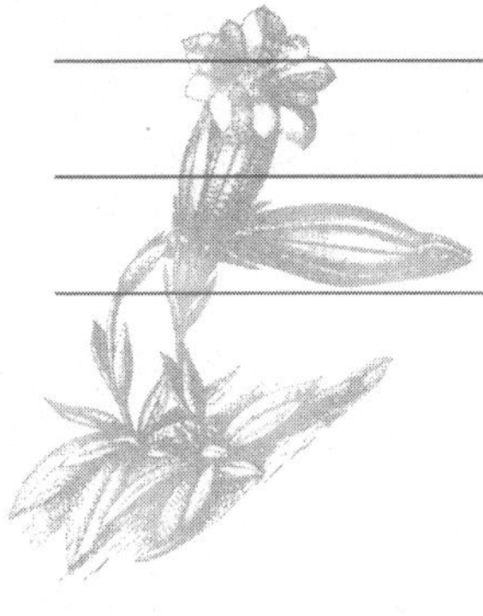

Unrecht zu erleiden bedeutet nichts,
solange man sich nicht fortwährend daran erinnert.
KONFUZIUS

DATUM:

THEMA: *Meine Kinder fühlen …*

DATUM:

THEMA: *Mein Partner versteht nicht, daß …*

DATUM: ______________________________

THEMA: *Ich habe erfahren, daß ich wieder ins Krankenhaus muß …*

Gott, ich bin es so leid, dauernd ins Krankenhaus zu müssen. Es hängt mir zum Halse heraus, es langweilt mich zu Tode. Die Tage und Nächte schleppen sich endlos dahin. Die Routine aus Schlafen und Essen, aus Fieber- und Blutdruckmessen ist zermürbend. Der Lärm auf dem Flur geht mir auf die Nerven. Ich will nach Hause! Ich muß geduldiger werden. Ich kann nicht erwarten, über Nacht gesund zu werden. Der Heilungsprozeß dauert eben seine Zeit. Die Stärke kehrt nicht durch ein Fingerschnippen zurück. Also, laß mich daran denken, daß ich diese Erfahrungen hinter mir lassen kann, wenn ich noch etwas mehr etwas länger ertragen kann. Und wenn ich eines Tages darauf zurückblicke, werden sie mir nicht mehr ganz so frustrierend vorkommen wie im Augenblick. Amen.

Datum:

Thema: *Ich bin mutig …*

DATUM:

THEMA: *Heute habe ich von ganzem Herzen geweint …*

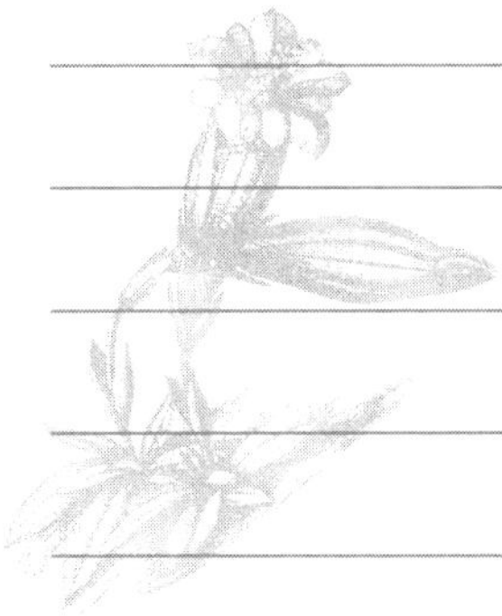

DATUM:

THEMA: *Der physische Schmerz verursacht Depressionen …*

Datum: ______________________

Thema: *In letzter Zeit war mein Leben schwer und voller Schmerz.*
Ich möchte nun nach Möglichkeiten suchen,
wie ich mein Leben neu ordnen kann,
um ihm neuen Sinn
und neue Inhalte zu geben …

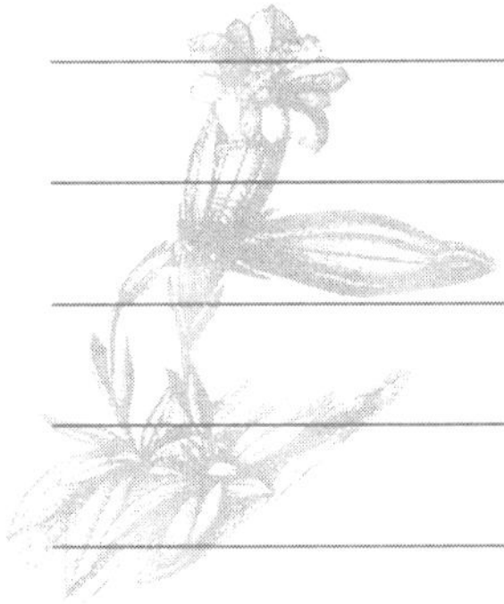

Datum:

Thema: *Ich lerne, mich in den Schmerz hinein und durch ihn hindurch zu bewegen …*

DATUM:

THEMA: *Meine Gefühle sind frei.*
Ich werde sie nicht be- oder verurteilen …

DATUM:

THEMA: *Ich bin gerne mit Menschen zusammen, die unter der gleichen Krankheit leiden. Das gibt mir die Kraft …*

Datum:

Thema: *Ich werde sehr gerne berührt. Es gibt mir ein gutes Gefühl …*

DATUM:

THEMA: *Schlaf ist heilsam …*

Datum:

Thema: *Warum soll ich weiterleben?*

Das Wichtige ist, daß man nicht aufhört, Fragen zu stellen.
Albert Einstein

Datum:

Thema: *Gefühle, die ich herunterschlucke oder verleugne – ob es nun Zorn, Schuldgefühle, Furcht oder Unsicherheit ist –, wirken wie Gift. Ich will diese Gefühle hier aufschreiben …*

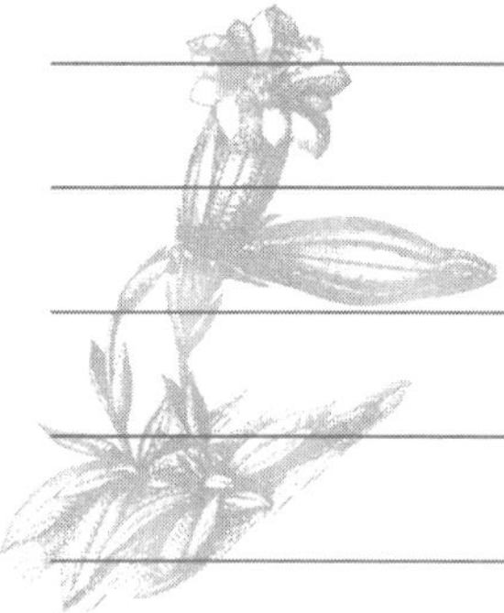

Datum:

Thema: *Mein Leben dreht sich nur noch um meine Behandlung und um meine Medikamente. Ich fühle …*

DATUM:

THEMA: *Ich habe das Gefühl, daß die Menschen in meiner Umgebung nicht verstehen, was ich durchmache. Deshalb fühle ich mich fremd unter ihnen …*

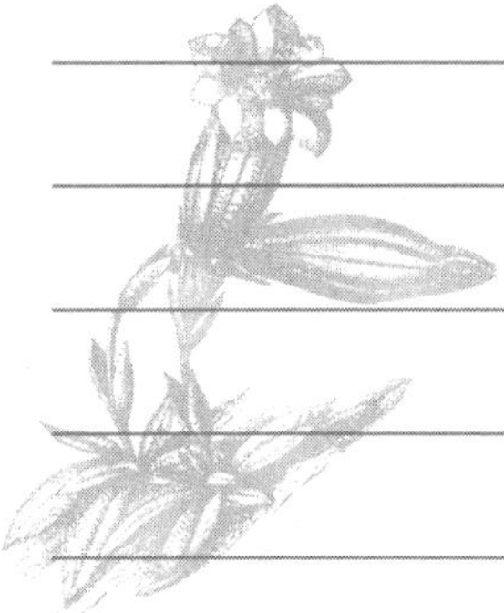

DATUM:

THEMA: *Ich bin es leid, mich die ganze Zeit krank zu fühlen …*

Datum:

Thema: *Ich habe mich entschlossen, mich psychologisch beraten zu lassen …*

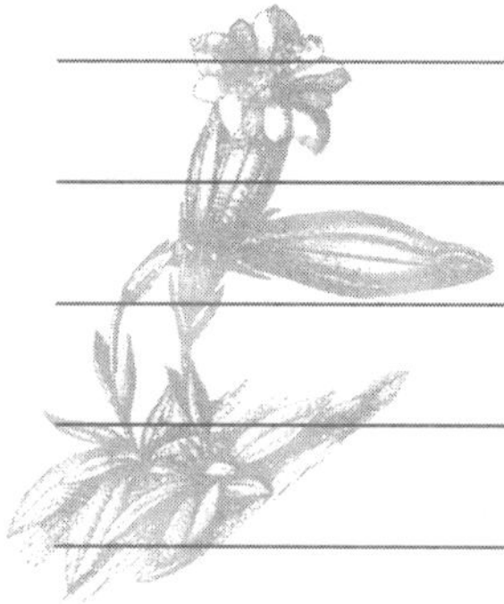

Datum:

Thema: *Über meine Therapie denke ich …*

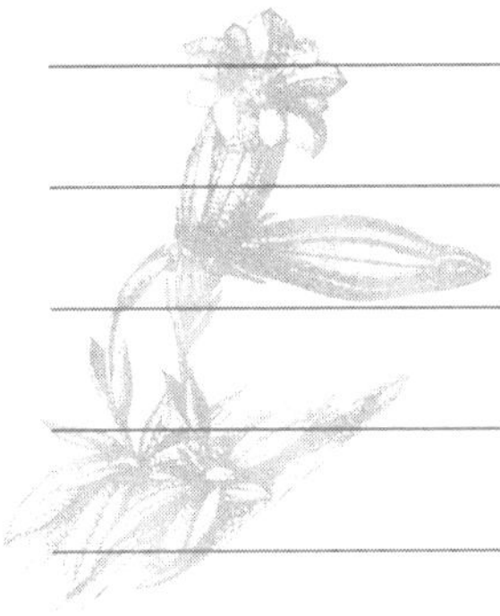

Datum:

Thema: *Ich arbeite, obwohl ich mich alles andere als hundertprozentig einsatzfähig fühle. Durch meine Arbeit kann ich …*

DATUM:

THEMA: *Ich habe Angst, daß sich meine Mitmenschen von mir abwenden, wenn ich mein wahres Gesicht zeige und nicht immer fröhlich oder mutig bin …*

DATUM:

THEMA: *Es gibt Gedanken und Gefühle, vor denen ich mich selbst fürchte und die ich noch niemandem mitgeteilt habe. Ich will versuchen, sie hier niederzuschreiben …*

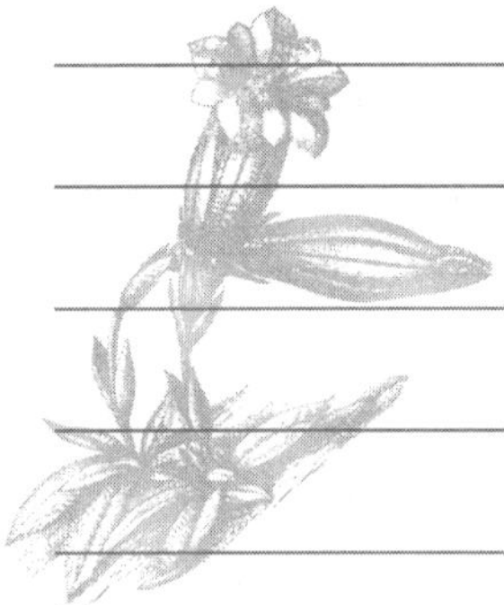

DATUM:

THEMA: *Ein Teil von mir kann die Krankheit ohne weiteres annehmen und erkennt sogar Vorteile. Solche Vorteile sind zum Beispiel …*

DATUM:

THEMA: *Nachts kreisen die Gedanken unablässig in meinem Kopf herum. Oft scheint mir, als würden Stimmen zu mir sprechen. Ich will hier aufschreiben, was mir diese Stimmen sagen …*

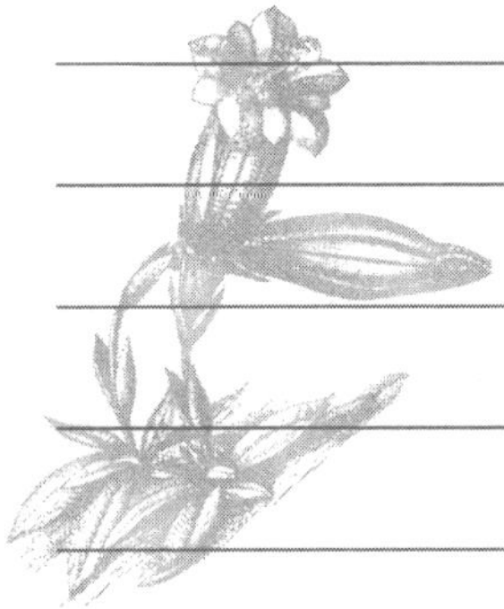

Datum:

Thema: *Ich spüre, daß ich Kraft verliere und es mir zusehends schwerer fällt, mit der Krankheit, die mich so niederdrückt, zu leben …*

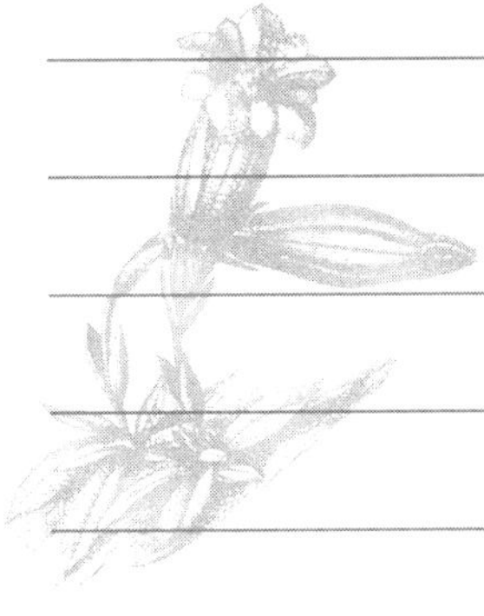

Datum:

Thema: *Zu Beginn konnte ich erstaunlich gut mit meiner Krankheit umgehen. Im Augenblick aber fühle ich mich hilflos und überfordert …*

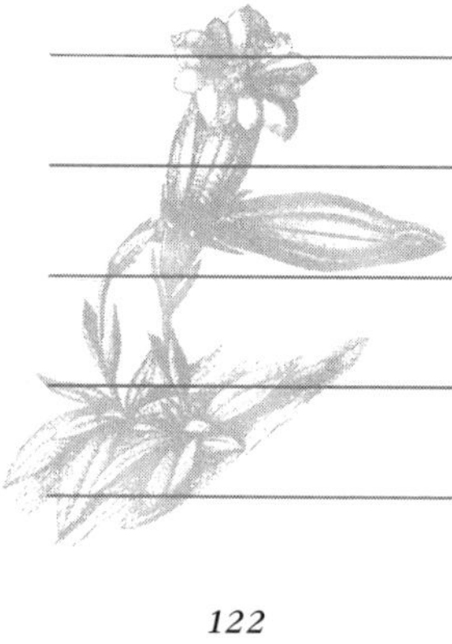

DATUM: ____________________

THEMA: *Heute war ein besonderer Tag, weil ich …*

DATUM:

THEMA: *Ich habe Angst, für meine Familie nicht mehr sorgen zu können …*

Datum: ______________________________

Thema: *Ich ziehe mich von anderen Menschen und vom gesellschaftlichen Leben zurück …*

Datum:

Thema: *Ich werde mich einer Selbsthilfegruppe anschließen …*

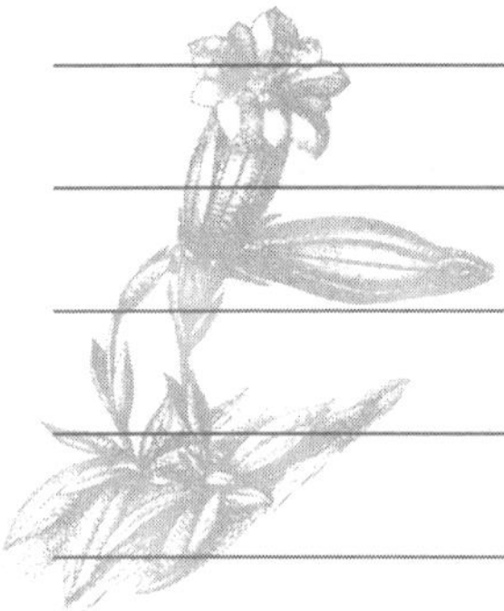

DATUM:

THEMA: *Gedanken zu der Selbsthilfegruppe und den Menschen, die mir dort begegnet sind …*

DATUM:

THEMA: *Es fällt mir schwer, in der Selbsthilfegruppe über meine innersten Gefühle und Gedanken zu sprechen und den anderen meine Verletzlichkeit, meine Ängste, Fehler, meinen Zorn und meine Trauer zu zeigen …*

Wer innehält und der Angst ins Auge blickt, gewinnt Stärke, Mut und Selbstvertrauen. Aus dieser Erfahrung lernt man, zu sich selbst zu sagen: «Ich habe diese Stunde überstanden, ich komme auch mit dem nächsten, das die Zukunft für mich bringt, klar.» Man muß die Dinge tun, von denen man glaubt, sie nicht schaffen zu können.

ELEANOR ROOSEVELT

DATUM: ______________________________

THEMA: *Ich bin sehr stolz auf mich …*

DATUM:

THEMA: *Mein Körper leidet. Kann mir dieser Schmerz etwas mitteilen?*

DATUM:

THEMA: *Meine Seele leidet. Kann mir dieser Schmerz etwas mitteilen?*

DATUM:

THEMA: *Ich respektiere und achte mich. Deshalb sorge ich nun auf neue und andere Weise für mich …*

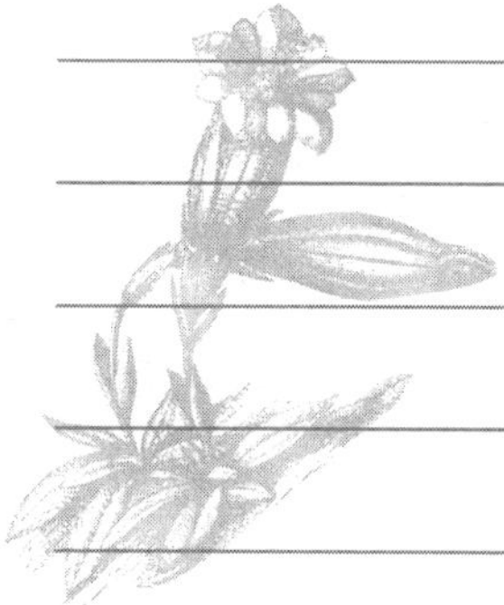

DATUM:

THEMA: *Ich akzeptiere die Veränderungen in meinem Körper und in meinem Leben …*

Gott, gib uns die Gnade, mit Gelassenheit die Dinge zu akzeptieren, die wir nicht ändern können, den Mut, die Dinge zu ändern, die wir ändern können, und die Weisheit, das eine von dem anderen zu unterscheiden.

REINHOLD NIEBUHR

DATUM:

THEMA: *Ich habe den physischen Schmerz jetzt unter Kontrolle …*

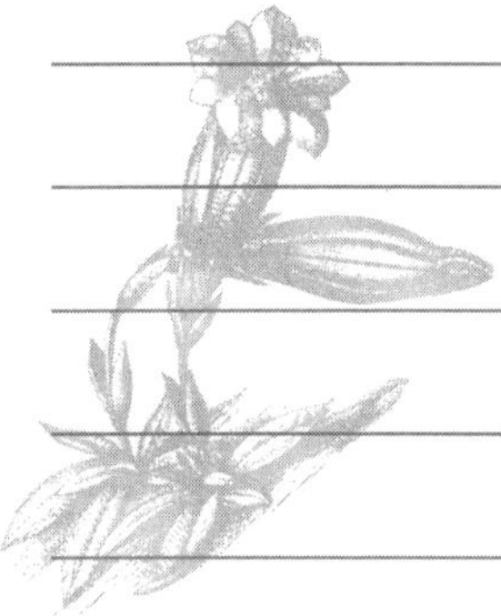

Datum: ______________________________

Thema: *Ich denke, ich kann diese Krankheit überwinden. Es besteht die Möglichkeit …*

DATUM:

THEMA: *Das Schreiben bereichert mich und gibt mir Kraft. Es ist wertvoll, weil …*

DATUM:

THEMA: *Ich mache mir Sorgen. Was wird sein, wenn ich irgendwann nicht mehr allein zurechtkomme?*

Datum:

Thema: *Ich gehe fürsorglich mit mir selbst um …*

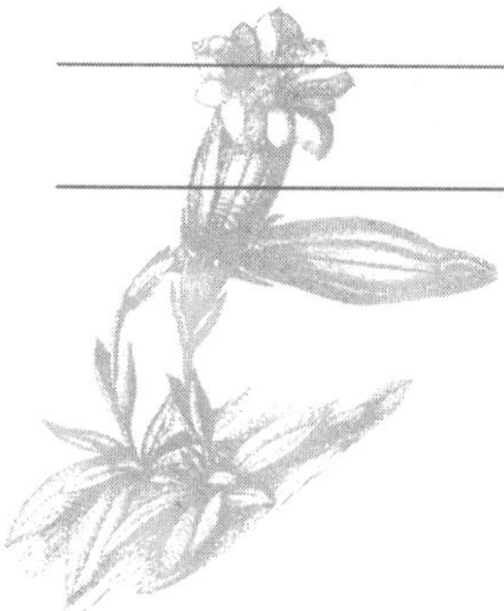

Haben Sie sich immer nach Unabhängigkeit gesehnt? Unabhängig von anderen zu sein ist für uns ebenso unmöglich, wie es für das Herz unmöglich ist, vom Körper unabhängig zu sein. Lernen Sie, Ihr Herz zu lieben, seien Sie von anderen abhängig, aber leisten Sie Ihren eigenen Beitrag zum Leben.

Rhondell

DATUM:

THEMA: *Mir ist peinlich, daß …*

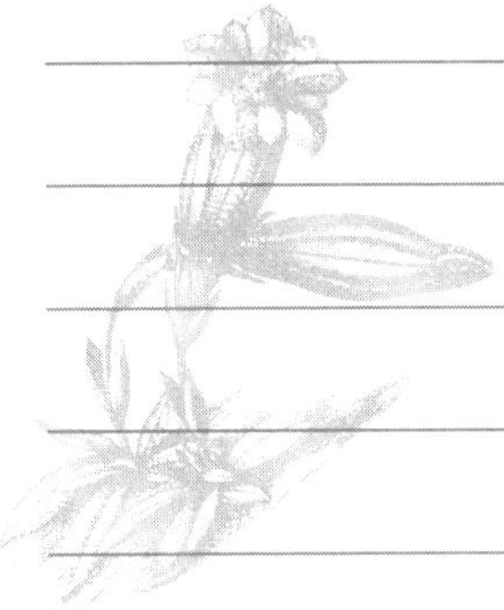

Datum:

Thema: *Ich habe die Freiheit, alle Gefühle auszuleben – Schmerz, Glück, Unbehagen, Liebe –, denn ich weiß, daß jedes Gefühl mich etwas lehrt und mir mitteilt, daß ich am Leben bin …*

DATUM:

THEMA: *Es ist jetzt leichter, den Tag zu überstehen. Ich bin wieder in der Lage, mich mehr auf das Leben als auf die Krankheit zu konzentrieren …*

Mögest du alle Tage deines Lebens leben.
JONATHAN SWIFT

Datum:

Thema: *Ich bin so glücklich, denn mir ist es gelungen …*

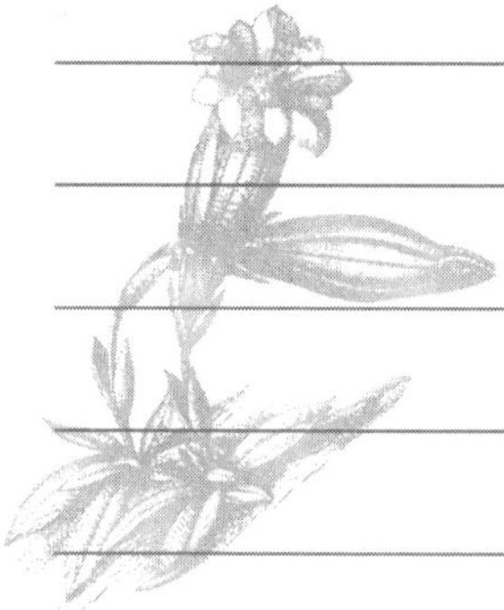

DATUM:

THEMA: *Wenn ich in der Gegenwart verharre, fühle ich mich wohl. Doch wenn ich meine Gedanken in die Vergangenheit oder in die Zukunft wandern lasse, bekomme ich Angst und mache mir Sorgen. Meinen inneren Frieden finde ich nur hier und jetzt …*

Das Beste an der Zukunft ist, daß man immer
nur einen Tag auf einmal erleben muß.
ABRAHAM LINCOLN

DATUM:

THEMA: *Ich werde gesund …*

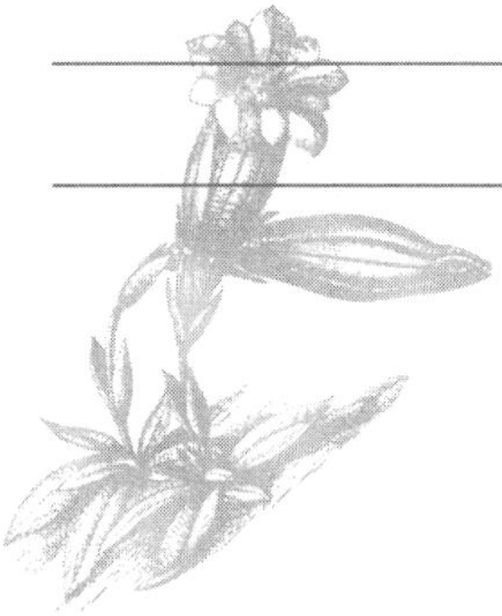

Gesund zu werden bedeutet nicht unbedingt, daß man physisch wieder auf dem Posten ist oder aufsteht und umhergehen kann. Es bedeutet vielmehr, ein gelungenes Gleichgewicht zwischen der physischen, der emotionalen, der intellektuellen und der spirituellen Dimension herzustellen.

ELISABETH KÜBLER-ROSS

DATUM:

THEMA: *Ich habe überlebt …*

DATUM:

THEMA: *Träume – Gedanken – Gedichte*

Datum:

Thema: *Träume – Gedanken – Gedichte*

Datum:

Thema: *Träume – Gedanken – Gedichte*

Worte an mich selbst …

Was hinter uns liegt und was vor uns liegt,
ist unbedeutend angesichts dessen,
was in uns liegt.

Ralph Waldo Emerson

Ärzte / Behandlung

Der Patient muß die Krankheit
gemeinsam mit dem Arzt bekämpfen.
HIPPOKRATES

- Ich wähle einen Arzt, der mit mir zusammenarbeitet
- Ich mache Aufzeichnungen von meinen Telefonaten mit dem Arzt
- Ich werde meinen Arzt bitten, mir offen zu sagen, was mir bevorstehen könnte, und mir Schritt für Schritt die Behandlung zu erklären
- Ich habe einen Termin mit meinem Arzt, zu dem ich meinen Kassettenrekorder mitbringen werde. Und zwar aus folgenden Gründen …
- Ich habe mir das Band von meinem Arztbesuch noch einmal angehört und möchte folgendes im Gedächtnis behalten (Fragen, Gedanken, Gefühle …)
- Ich stimme nicht mit der Einschätzung meines Arztes überein
- Ich werde mir einen neuen Arzt suchen oder ein zweites Gutachten einholen
- Ich habe die Kraft, die Behandlung auszuwählen, die am besten für mich ist. Ich neige dazu, mich für folgenden Behandlungsplan zu entscheiden
- Ich werde mir Zeit nehmen, um die richtige Entscheidung für meine Behandlung zu treffen. Ich werde mich nicht durch meine Umwelt unter Druck setzen lassen
- Ich habe mich entschlossen, fernöstliche Heilmethoden in meine Behandlung zu integrieren (Akupunktur, Kräuter, Meditation)
- Ich habe mehr Angst vor der Therapie als vor der Diagnose
- Ich habe gerade einen neuen Behandlungszyklus begonnen

- Heute muß ich mich einer therapeutischen Maßnahme unterziehen. Ich werde mir vorher etwas Gutes tun, indem ich …
- Die Nebenwirkungen der Behandlung sehen folgendermaßen aus
- Es gehört zu meiner Therapie, zu lachen und mich zu amüsieren. Heute habe ich …
- In der Behandlung habe ich heute einen Rückschlag erlebt
- Ich habe einen Behandlungszyklus abgeschlossen
- Es ist nur zu meinem Besten, wenn ich offen mit meinem Arzt darüber spreche, was in meinem Körper vor sich geht und wie ich mich fühle. Obwohl ich manchmal nicht dazu bereit bin, ihm alles zu sagen, weiß ich, daß er mir nur helfen kann, wenn ich wirklich offen zu ihm bin
- Ich möchte meinem Arzt dringend ein paar Fragen stellen, doch seine Sprechstunde ist bereits vorbei. Ich werde mich entspannen und ihn trotzdem anrufen. Meine Fragen sind … Er hat folgendes geantwortet …
- Zeit für eine gründliche Zwischenuntersuchung. Ich fühle …
- Ich werde über die Medikamente, die ich einnehmen muß, genau Buch führen, denn ich fühle mich verantwortlich für meinen Heilungsprozeß
- Ich finde, mein Arzt kann nicht besonders gut mit Kranken umgehen
- Ich werde von einem Therapeuten behandelt, der mit Hypnose arbeitet
- Ich trage einen Krankheitspaß für medizinische Notfälle, weil …
- Ich erlebe einen Rückfall
- Ich erhole mich langsam

Datum:

Thema:

Datum:

Thema:

Datum:

Thema:

DATUM:

THEMA:

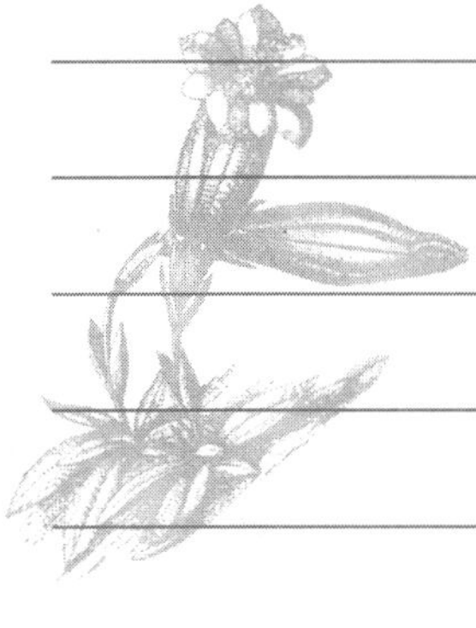

Das Krankenhaus

- Ich möchte, daß ein Freund oder ein Verwandter meinen Krankenhausaufenthalt überwacht …
- Was ich ins Krankenhaus mitnehme …
- Bevor ich ins Krankenhaus gehe, habe ich sämtliche Medikamente, die ich regelmäßig oder unregelmäßig einnehme, zu meinem Arzt mitgenommen, um ihn zu fragen, ob ich sie angesichts der Behandlung, der ich mich im Krankenhaus unterziehen muß, weiterhin einnehmen kann. Er hat mir folgendes gesagt …
- Die Telefonnummern meiner Ärzte (Chirurg, Internist, Anästhesist):

Name: ______________________________

Praxis: ______________ Privat: ______________

Name: ______________________________

Praxis: ______________ Privat: ______________

Name: ______________________________

Praxis: ______________ Privat: ______________

- Ich muß mich einer Operation unterziehen
- Ich werde dafür sorgen, daß ich immer mit meinem Arzt in Kontakt bleibe. Ich möchte ihn/sie unbedingt noch darüber informieren, daß …
- Die diensthabende Krankenschwester heißt ______________
- Der zuständige Internist heißt ______________
- Mein Freund/mein Verwandter oder ich werden aufschreiben, welche Medikamente mir verschrieben werden, wobei insbesondere auf folgendes geachtet werden soll:

1. Name des Medikaments
2. Wirkungsweise
3. Aussehen
4. Einnahmevorschriften

- Ich werde meinen Arzt fragen, ob ich alles essen darf oder ob man mir etwas zu essen mitbringen darf. Er/sie sagt folgendes ....
- Gedanken zu Besuchern
- Gedanken zu meiner Entlassung aus dem Krankenhaus
- Bücher, die ich gerne lesen möchte, wenn ich im Krankenhaus bin...
- Erinnerungen an meinen Krankenhausaufenthalt...

Datum:

Thema:

DATUM:

THEMA:

Datum:

Thema:

Datum:

Thema:

Datum:

Thema:

Veränderungen in der Lebensweise

- Langsam nehme ich Veränderungen in meinem Leben vor, die mein Arzt mir empfohlen hat, um meine Lebensqualität zu verbessern. Dabei beachte ich besonders folgende Bereiche:
  Ernährung
  Sport
  Umgebung
  Gefühle
- Ich habe meine Lebensweise zum Teil umgestellt und fühle dabei folgendes …
- Ich genieße meine neue Art zu leben …
- Ich lebe jetzt mit jemandem zusammen, der mich betreut …
- Ich ziehe von zu Hause aus …
- Ich passe mich den Veränderungen meines Lebens an. Ganz besonders möchte ich über die folgende Veränderung schreiben …

Datum:

Thema:

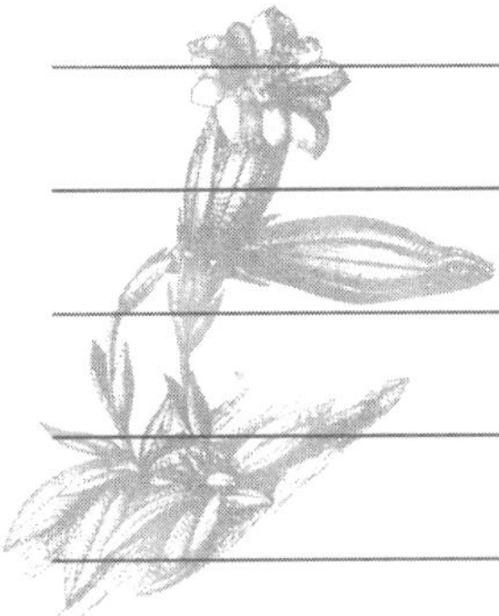

Datum:

Thema:

Datum:

Thema:

Datum:

Thema:

DATUM:

THEMA:

Datum:

Thema:

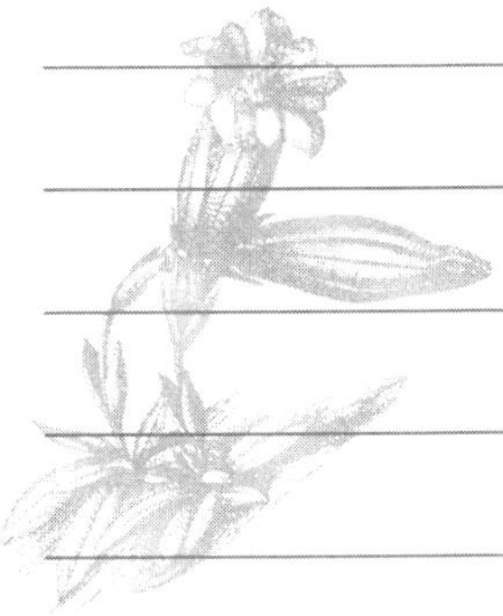

Datum:

Thema:

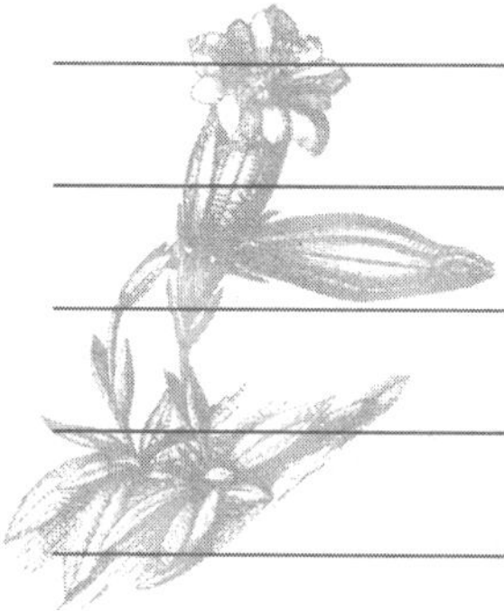

Liebe / Sexualität

- Ich spüre, daß die Krankheit meine Sexualität beeinflußt und meine Bedürfnisse nicht mehr dieselben sind …
- Manchmal macht mir das zärtliche Zusammensein mit meinem Partner angst …
- In letzter Zeit stelle ich fest, daß mein Partner in der Liebe/Sexualität anders mit mir umgeht …
- Sex ist intensiver geworden …
- Manchmal genieße ich es, berührt, in den Arm genommen und gehalten zu werden, aber es gibt auch Momente, wo ich mich vor Zärtlichkeit fürchte. Meinem Partner dies zu sagen ist (leicht, schwer, unangenehm, beängstigend) …
- Wenn ich nackt bei meinem Partner liege …
- Ich frage mich, ob die Liebe für meinen Partner immer noch wunderbar ist …
- Ich mache mir über die Veränderungen in meinem Körper Gedanken …

Datum:

Thema:

DATUM:

THEMA:

Datum:

Thema:

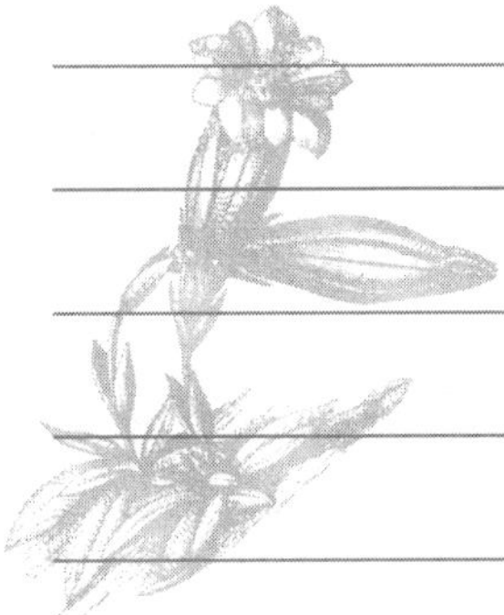

Datum:

Thema:

Finanzen

- Meine Krankenversicherung ist …
- Ich bin erschrocken, als ich hörte, wieviel meine Medikamente und meine Behandlung kosten werden …
- Ich bin froh, daß ich mich selbst um meine finanziellen Angelegenheiten kümmern kann …
- Ich tue mein Bestes, um meine Rechnungen immer bezahlen zu können. Ich möchte keine Schulden machen …
- Ich wünschte, ich müßte in Zeiten wie diesen nicht auch noch an Geld denken …
- Menschen, die mir finanziell unter die Arme greifen könnten …

Datum:

Thema:

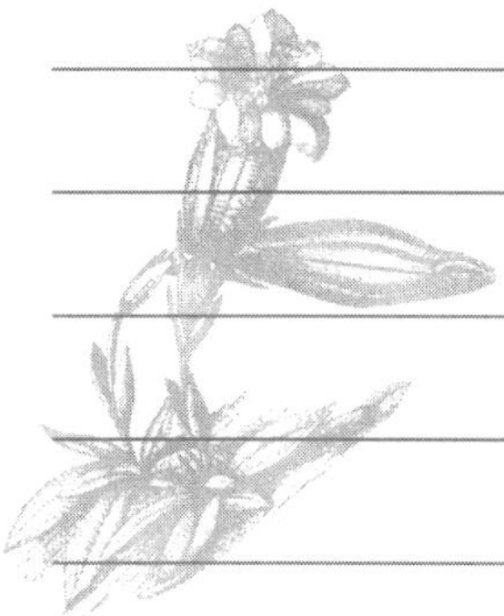

DATUM:

THEMA:

DATUM:

THEMA:

Datum:

Thema:

Körperliche Veränderungen

- Ich weiß, daß mein Körper sich verändern wird.
  Und so fühle ich mich heute …
- Ich nehme Abschied von dem Körperteil, der nach der Operation nicht mehr ein Teil von mir sein wird …
- Ich sehe so anders aus, seit die Behandlung begonnen hat. Ich fühle mich unbehaglich …
- Vermissen werde ich …
- Langsam versuche ich, meinen Körper wieder neu zu entdecken und ihn mir vertraut zu machen …
- Ich lerne, meine Stimmung nicht durch die körperlichen Veränderungen kontrollieren zu lassen …
- Körperlich fühle ich mich folgendermaßen …
- Obwohl ich mich äußerlich verändert habe und mein Körper ein anderer geworden ist, wird mir allmählich klar, daß ich immer noch derselbe Mensch bin …
- Mein Gewicht verändert sich …
- Mit einer Prothese leben zu müssen ist …
- Wenn ich nackt bin, fühle ich …
- Ich bin wütend, weil ich bestimmte Dinge im Moment nicht mehr tun kann oder vielleicht gar nie wieder werde unternehmen können, zum Beispiel …
- Ich habe das Gefühl, als ob mein Körper mich im Stich gelassen hätte …

DATUM:

THEMA:

Datum:

Thema:

DATUM:

THEMA:

DATUM:

THEMA:

Datum:

Thema:

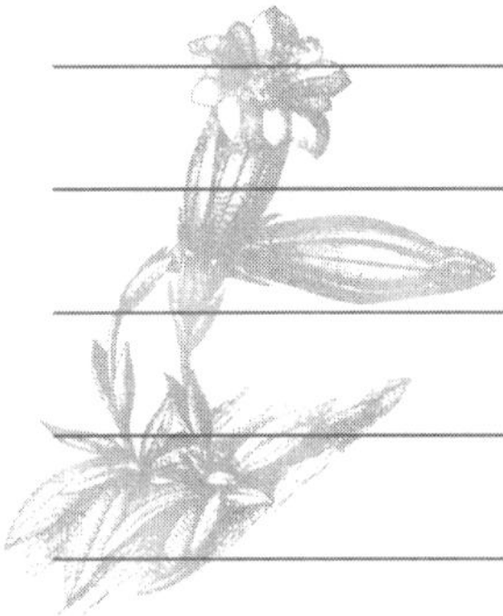

Meine Interessen, Vergnügungen und Freuden

Spielen zu können
ist eine glückliche Begabung.
RALPH WALDO EMERSON

- Musik
- Unterhaltung
- Spaziergänge, Wanderungen
- Gartenarbeit
- Sport
- Freunde/Familie/Kinder/Enkelkinder
- Haustiere
- Meditieren
- Lesen
- Fernsehen/Kino
- Spiele
- Kunst
- Fotografieren
- Basteln
- Kochen
- Besondere Erinnerungen
- Andere Freuden

DATUM:

THEMA:

DATUM:

THEMA:

DATUM:

THEMA:

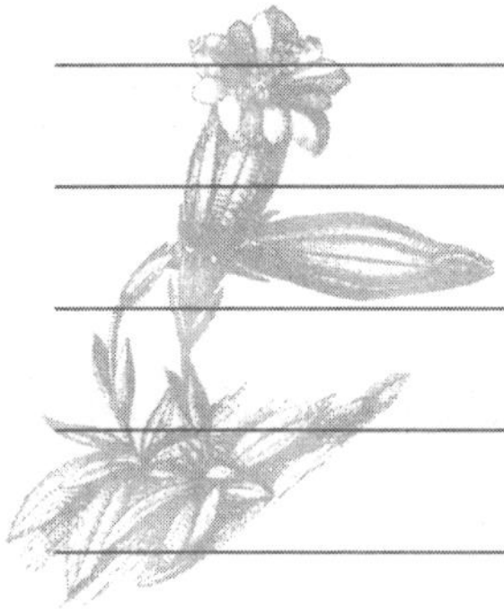

Datum:

Thema:

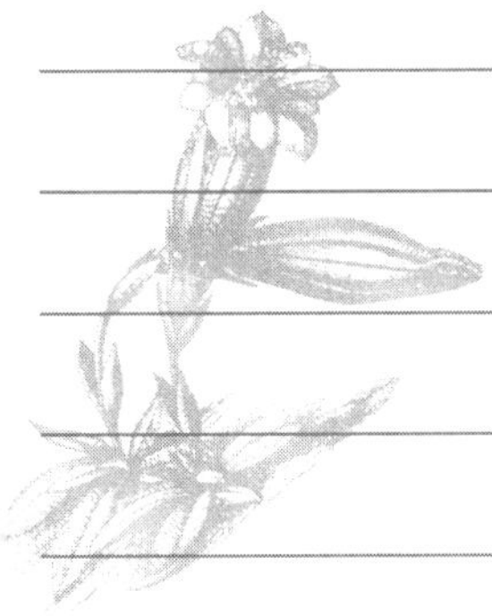

DATUM:

THEMA:

2

Briefe

Wenn wir auf den Weg schauen, können wir den
Himmel nicht sehen. Wir sind Erdenmenschen auf ihrer
spirituellen Reise zu den Sternen. Unsere Suche,
unsere irdische Reise besteht darin, nach innen zu
schauen, um zu erkennen, wer wir sind, um zu sehen,
daß wir allen Dingen verbunden sind, daß es keine
Trennung gibt, außer der in unserem Geist.
Indianisches Sprichwort

Wie Sie den Briefteil dieses Buches am besten nutzen

Liebe Leserin, lieber Leser
Der erste Teil dieses Buches widmete sich Ihrem Tagebuch – mit ihm sind Sie sich selber nähergekommen. Der Teil, der nun vor Ihnen liegt, wird Ihnen helfen, die Beziehung zu den Menschen in Ihrer Umgebung aufrechtzuerhalten und ihnen Ihre Gefühle mitzuteilen. Das Schreiben von Briefen gibt Ihnen Gelegenheit, Ihren innersten Gedanken, Sorgen, Wünschen, Bedürfnissen und Hoffnungen Ausdruck zu verleihen. Einige dieser Briefe werden Sie vielleicht nie abschicken, weil Sie merken, daß Sie das Schreiben eigentlich an sich selbst gerichtet haben. Manchmal besteht der einzige Zweck des Briefeschreibens darin, Ihrer Enttäuschung und den unangenehmen Gefühlen Luft zu machen, die Sie sich vielleicht nicht trauen, offen auszusprechen. Auch hilft es Ihnen dabei, sich Klarheit darüber zu verschaffen, wie Ihre Gefühle wirklich aussehen. In jedem Fall sollten Sie daran denken, daß es vollkommen in Ordnung ist, wenn Sie sich entschließen, die Briefe nicht abzuschicken. Briefe zu schreiben – ob Sie sie dem Adressaten nun zukommen lassen oder nicht – ist ein gesunder Weg, um Ihre eigene innere Stärke und Ihre Selbstachtung zu stützen.

Wir haben diesen Buchteil in drei Abschnitte unterteilt: «Briefe an meinen Partner», «Briefe an meine Kinder» und «Briefe an meine Verwandten und Freunde». Genau wie in Teil 1, «Mein Tagebuch», steht es Ihnen natürlich frei, Seiten zu überschlagen oder vor- und zurückzublättern. Gestalten Sie die Eintragungen ganz nach Ihren Bedürfnissen. Wählen Sie die Themen, die Sie zur Zeit beschäftigen und Ihre momentanen Beziehungen am besten widerspiegeln.

Wenn Sie weiterblättern, werden Sie erkennen, daß der Briefteil ganz ähnlich aufgebaut ist wie der Tagebuchteil. Am Kopf der Seiten steht ein Themenvorschlag, und Sie können auch wieder das Datum eintragen. Hinzu kommen die Ihnen bereits bekannten Themenlisten. Unter «Briefe an meine Kinder» zum Beispiel beginnt der Teil «Ich will meine Erfahrungen mit Dir teilen» mit einer Liste von Gedanken und Erfahrungen, die Sie vielleicht in Ihren Brief einbauen möchten. Wir sind uns wohl bewußt, daß jeder Mensch verschiedene Prioritäten hat und verschiedene Erfahrungen mit seinen Kindern teilen will. Deshalb haben wir davon abgesehen, jedem dieser Themen eine ganze Seite zu widmen. Wenn ein Thema in einem dieser Bereiche Sie ganz besonders berührt und zu einem Brief inspiriert, können Sie hierzu die freien Seiten, die der entsprechenden Liste folgen, benutzen. Auf sämtlichen freien Seiten finden Sie am Kopf Raum für das Datum und für das Thema, das Sie gewählt haben. Und natürlich können Sie auch über Ihre eigenen Themen, ganz ohne unsere Anregungen aufzugreifen, schreiben!

Cathy und Robin

Briefe an meinen Partner

Zwischen uns soll immer Wahrheit herrschen.

RALPH WALDO EMERSON

DATUM:

THEMA: *Wir stehen gemeinsam vor einer großen Herausforderung …*

Leiden und Schweigen sind ein Zeichen der Stärke,
geduldiges Ertragen ist göttlich.
HENRY WADSWORTH LONGFELLOW

Datum:

Thema: *Hast Du auch so große Angst wie ich?*

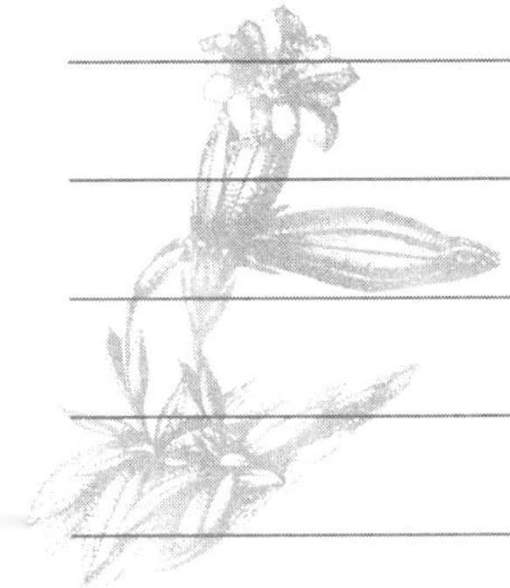

DATUM:

THEMA: *Bitte sprich mit mir. Ich habe das Gefühl, daß Du vieles für Dich behältst …*

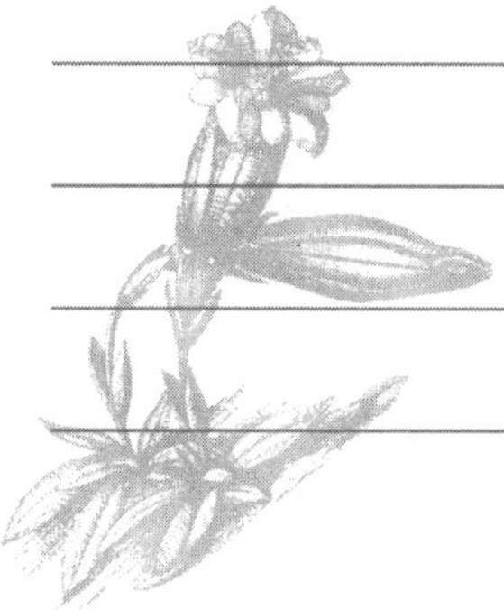

Lieber als Liebe, als Geld, als Ruhm, gib mir Wahrheit.
HENRY DAVID THOREAU

Datum:

Thema: *Ich bin so dankbar, daß Du bei mir bist …*

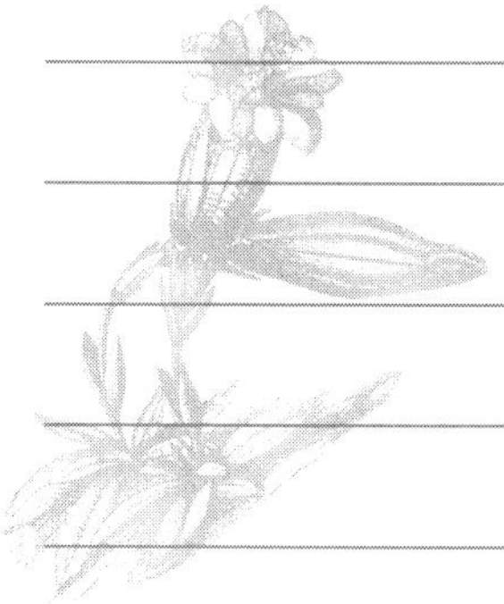

DATUM:

THEMA: *Manchmal zögere ich, Dir von meinem Schmerz – dem physischen ebenso wie dem psychischen – zu erzählen …*

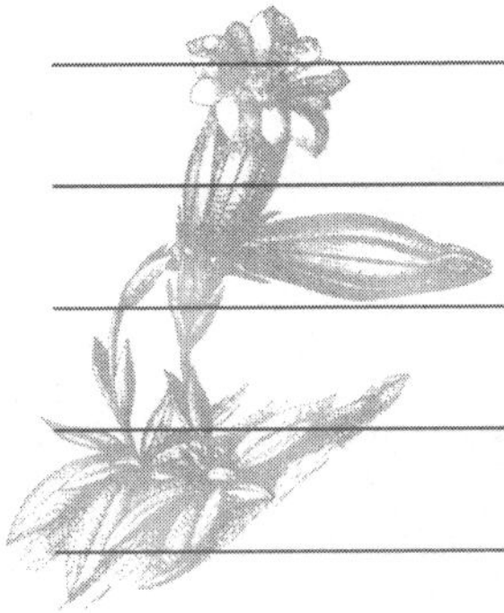

DATUM:

THEMA: *Ich glaube, daß Du die neue Situation noch nicht ganz akzeptieren kannst und Dir wünschst, ich wäre so, wie ich vor der Krankheit war.*

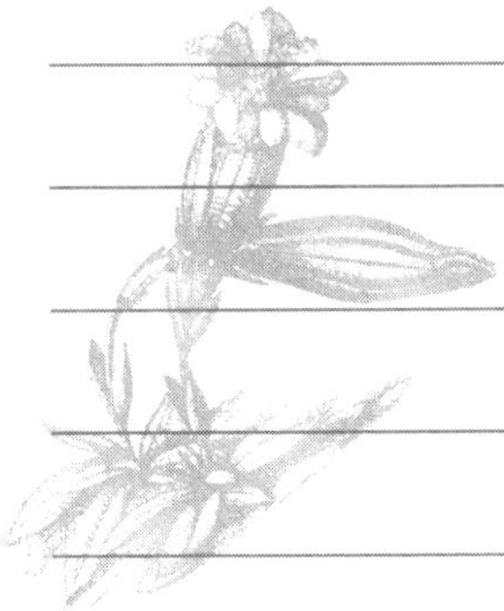

Datum:

Thema: *Ich habe das Gefühl, daß Du Dich von mir entfernst …*

DATUM:

THEMA: *Ich mache mir Sorgen, daß sich Deine Gefühle mir gegenüber verändern werden …*

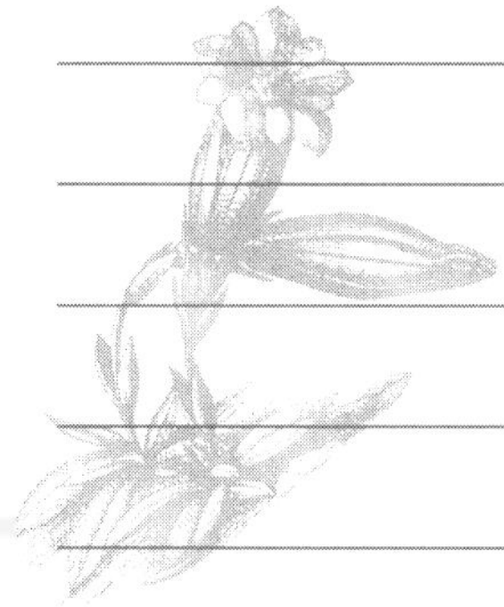

DATUM:

THEMA: *Ich sehne mich mehr denn je danach, daß Du Anteil nimmst und mich fragst, wie es mir geht …*

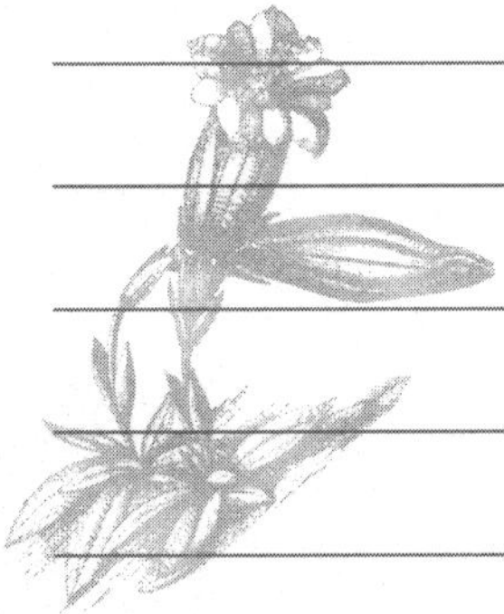

DATUM:

THEMA: *Du bist der wichtigste Mensch in meinem Leben, weil …*

DATUM:

THEMA: *Ich will Dir keine Last sein …*

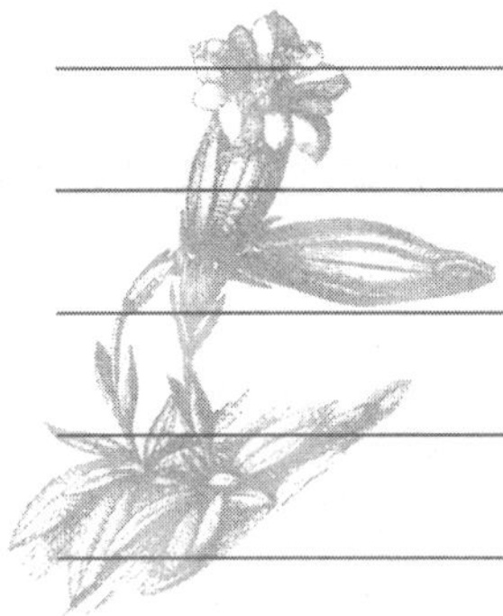

Datum: ______________________

Thema: *Es tut mir leid, daß wir …*

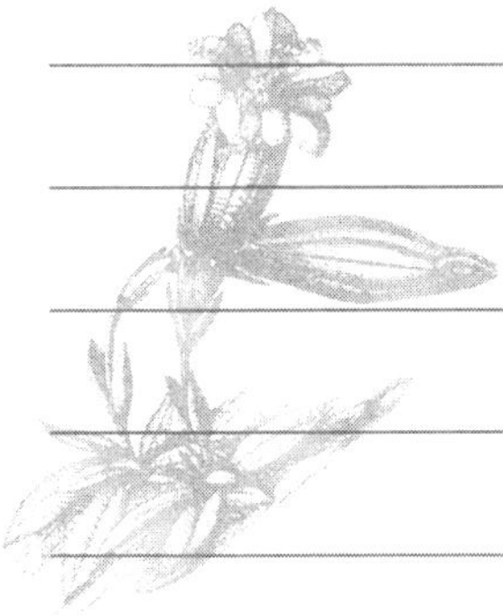

DATUM:

THEMA: *Ich bin so glücklich, daß wir…*

Datum:

Thema: *Ich bin mir bewußt, daß ich mich in letzter Zeit sehr zurückgezogen habe. Im Moment brauche ich das …*

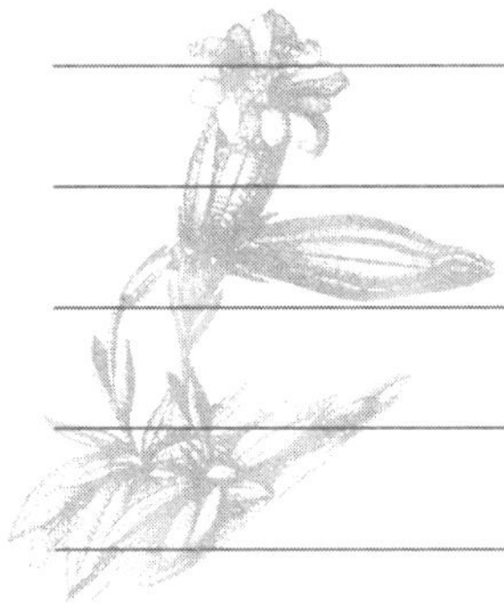

DATUM:

THEMA: *Du weißt, daß ich eine depressive Phase durchmache. Langsam verstehe ich, daß die Depressionen eng mit der Behandlung zusammenhängen. Bitte begleite mich auf meinem Weg …*

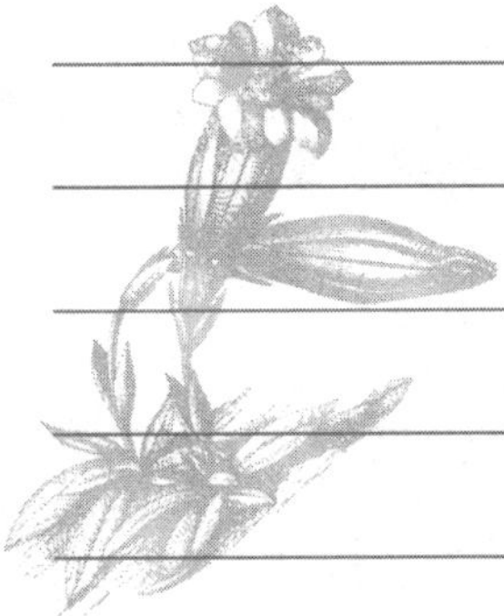

Datum: ______________________

Thema: *Ich bin so stolz auf Dich …*

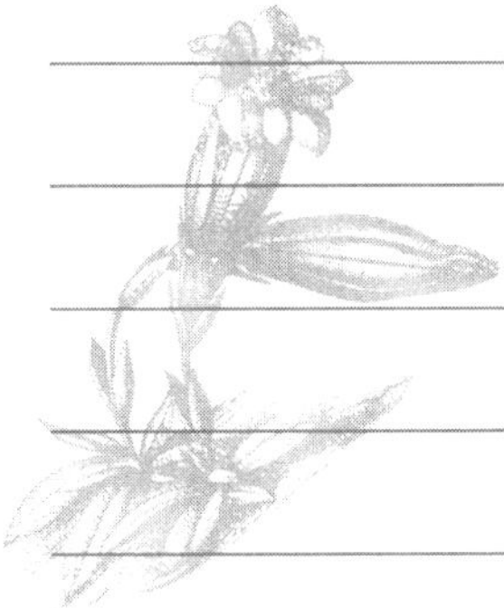

DATUM:

THEMA: *Es gibt etwas, das ich Dir nie gesagt habe und das ich Dir heute unbedingt sagen will …*

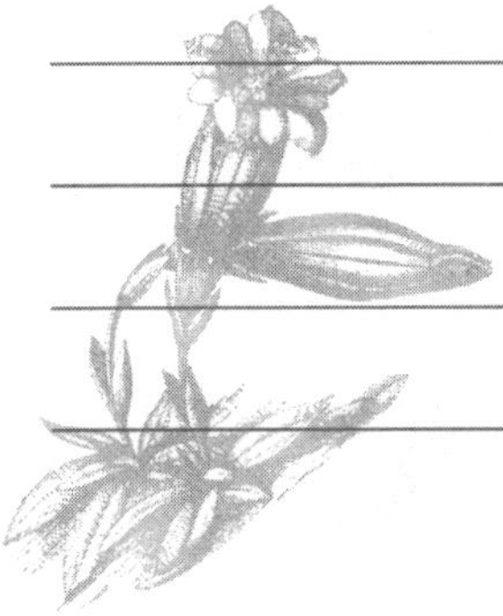

Zu allem Großen ist der erste Schritt der Mut.
JOHANN WOLFGANG VON GOETHE

DATUM:

THEMA: *Manchmal verhindern meine Ängste, Dir nahe zu sein …*

Datum:

Thema: *Unsere Beziehung gibt mir viel Kraft. Danke, daß Du Dir die Zeit nimmst und mir zuhörst …*

Datum:

Thema: *Ich weiß, daß es auch Dir nicht immer leichtfällt, über gewisse Dinge zu sprechen. Wenn es Themen gibt, über die Du nicht reden kannst, dann hilft es vielleicht auch Dir, Deine Gedanken aufzuschreiben. Ich finde es sehr wichtig, die Kommunikation zwischen uns aufrechtzuerhalten, auch wenn das nicht immer einfach ist …*

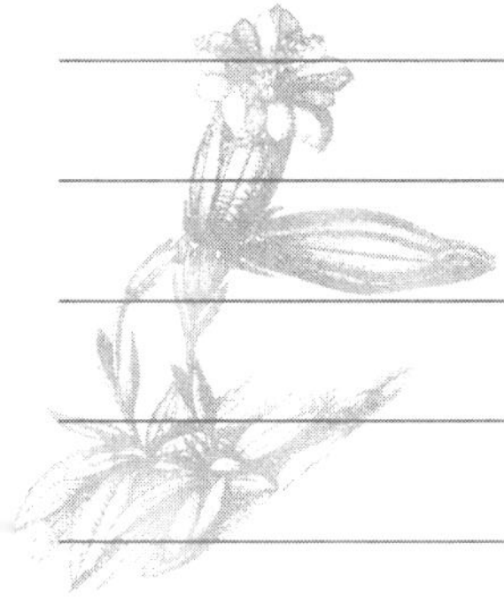

Datum:

Thema: *Danke …*

Datum:

Thema: *Träume – Gedanken – Gedichte*

Sexualität

- Seitdem ich krank bin, haben sich meine sexuellen Bedürfnisse verändert …
- Wenn wir uns lieben, fühle ich, seitdem ich krank bin, daß …
- Ich frage mich, ob es Dir schwerfällt, mir nahe zu sein, denn wenn wir uns lieben …
- Du sollst wissen, daß ich mich manchmal nach Berührung sehne und manchmal nicht berührt werden möchte …
- Ich fühle mich unbehaglich, mit Dir über ______________________ zu sprechen, deshalb schreibe ich Dir einen Brief …
- Wenn wir uns lieben, empfinde ich …
- Gibt es etwas, das Du mir gerne über unsere Sexualität mitteilen möchtest, das Du aber nicht aussprechen kannst? Dann schreib mir doch bitte einen Brief …
- Ich habe Angst vor …
- Ich wünsche mir, daß Du …
- Ich will …

DATUM:

THEMA:

Datum:

Thema:

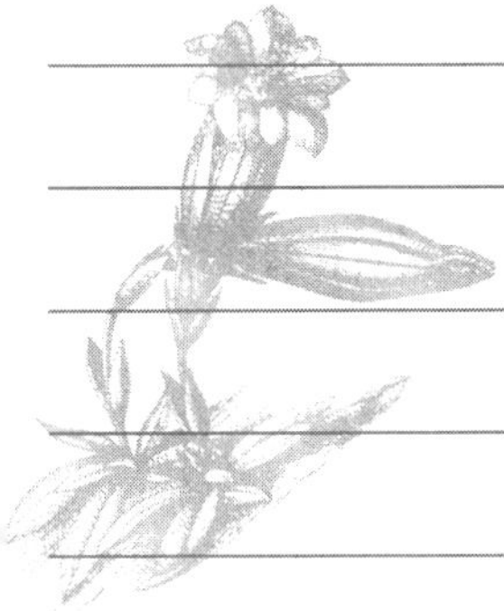

DATUM:

THEMA:

Datum:

Thema:

DATUM:

THEMA:

Gedanken an und für meinen Partner

Meine schönsten Erinnerungen von uns beiden sind:

- Wie wir uns kennengelernt haben…
- Als mir klar wurde, daß ich mich in Dich verliebt hatte…
- Unsere Hochzeit…
- Meilensteine…
- Feiern…
- Feiertage/Ferien…
- Lieblingserinnerungen an Dich…

DATUM:

THEMA:

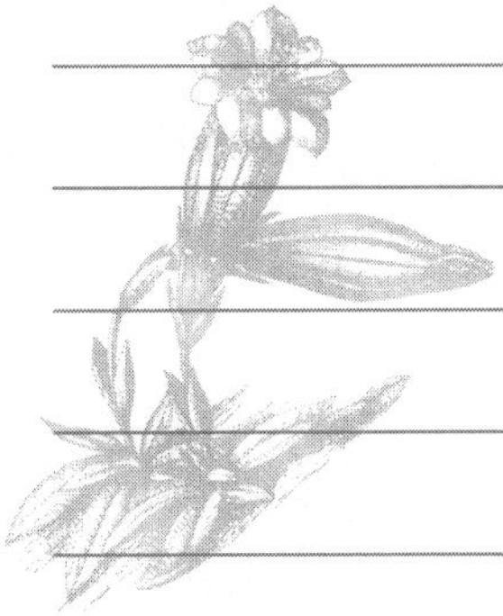

DATUM:

THEMA:

Datum:

Thema:

DATUM:

THEMA:

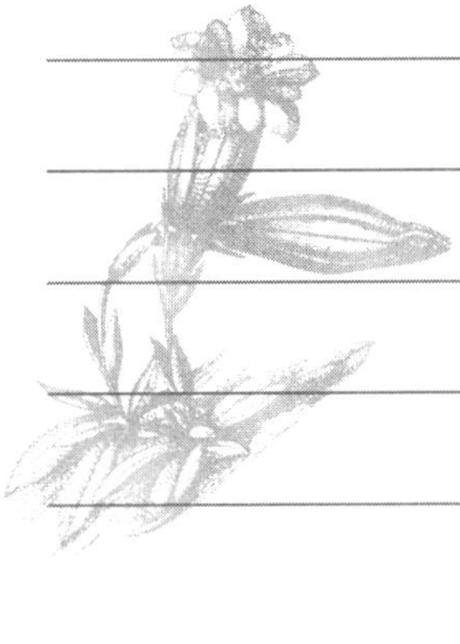

Datum:

Thema:

Briefe an meine Kinder

DATUM:

THEMA: *Seit ich krank bin, kann ich nicht mehr so viel Zeit mit Dir verbringen, wie ich gerne möchte. Ich fühle …*

DATUM:

THEMA: *Ich bin wütend, daß meine Krankheit unser Leben so stark beeinflußt …*

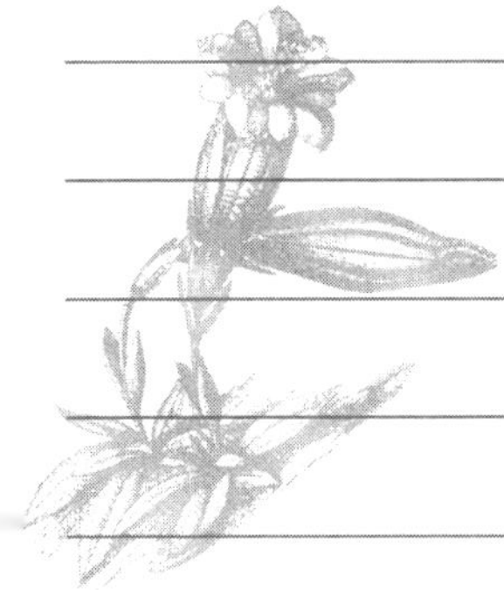

Datum:

Thema: *Du bist etwas ganz Besonderes für mich, weil …*

Datum:

Thema: *Ich bin Dir so dankbar, weil Du mir so viel gibst und ich durch Dich unendlich viel lerne …*

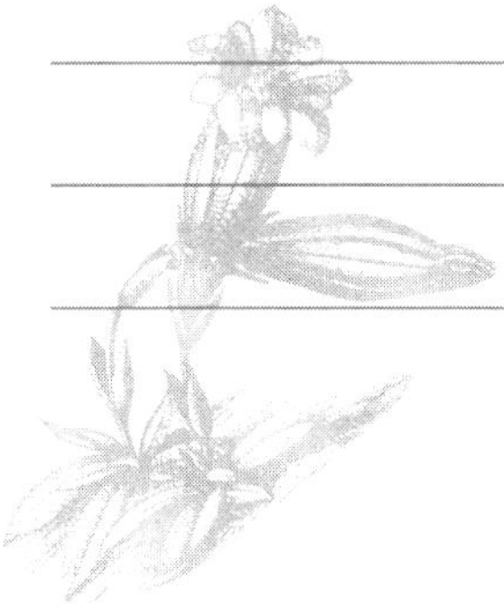

Kein Akt der Freundlichkeit, wie klein er auch sein mag,
ist jemals umsonst.
Aesop

DATUM:

THEMA: *Ich kann gut verstehen, daß es Dir schwerfällt, mit mir zu reden. Wie wäre es, wenn Du mir einen Brief schreiben würdest?*

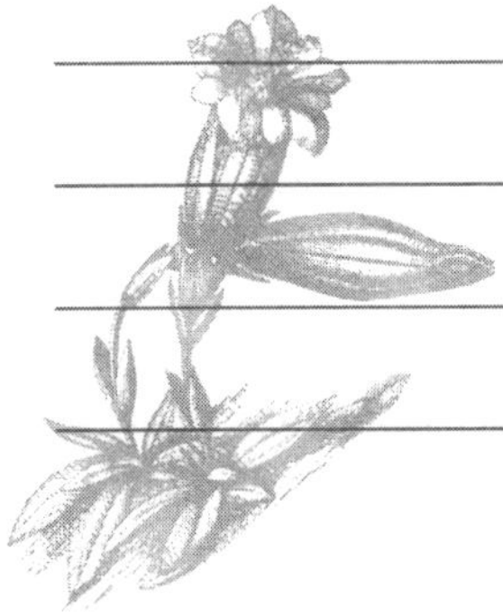

Ich bin ganz Ohr.
ANTHONY TROLLOPE

Datum: ____________________

Thema: *Ich weiß, daß Du Angst hast …*

Ich möchte gerne meine Erfahrungen mit Dir teilen und mit Dir über einige Dinge sprechen:

- Darüber, wie wichtig es ist, daß Du Dich selbst akzeptierst …
- Darüber, was ich über Religion denke …
- Über die Spiele, die ich gemeinsam mit Dir spielen möchte …
- Darüber, wie wichtig Freundschaften sind …
- Über meine Reisen …
- Darüber, wie Du Deine Gefühle mit einem anderen Menschen teilen kannst …
- Darüber, wie wichtig Selbstachtung ist …
- Über meine Empfindungen hinsichtlich Ehe und Partnerwahl …
- Über Sexualität …
- Über meine Lieblingslieder und -bücher …
- Über meine Lieblingsrezepte …
- Darüber, was ich über den Tod denke …
- Über Geld …
- Über die Schule und das Lernen …
- Über meine Liebe zu Dir …
- Über Deine Gesundheit …

DATUM:

THEMA:

Datum:

Thema:

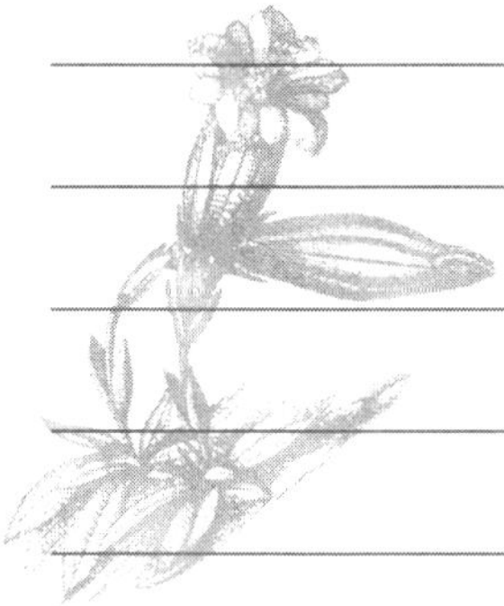

DATUM:

THEMA:

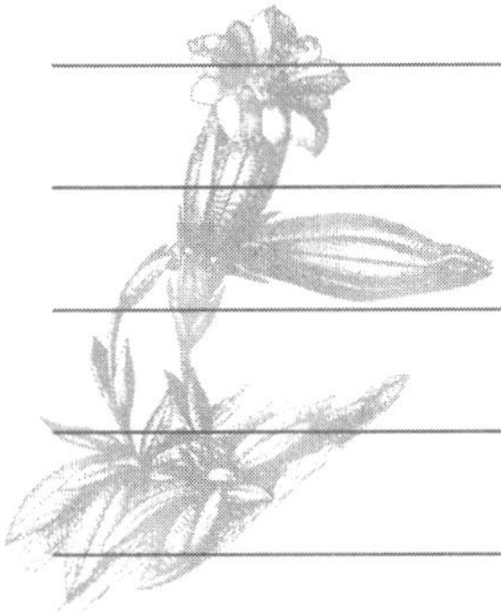

Datum:

Thema:

DATUM:

THEMA:

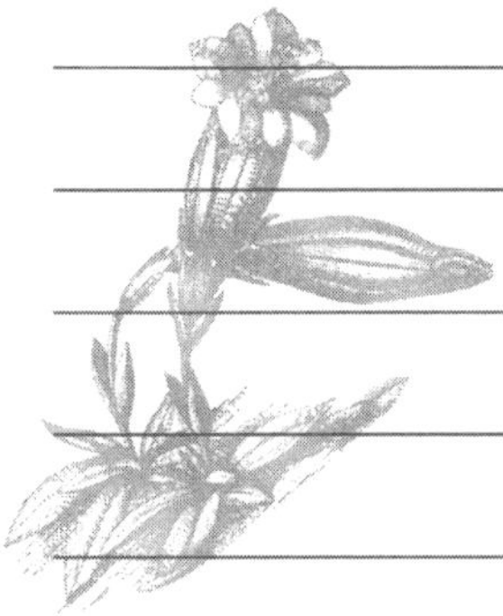

Gedanken über meine Kinder

- Meine Schwangerschaft …
- Der Tag, an dem Du geboren wurdest …
- Deine ersten …
- Deine Geburtstage …
- Reisen mit Dir …
- Deine Ferienlager …
- Deine ersten Fahrstunden …
- Familienfeste …
- Hochzeiten …
- Urlaubserinnerungen …
- Deine Freunde …
- Deine Freude …
- Unsere gemeinsamen Vergnügungen …
- Du in Deiner Kindheit …
- Du als Jugendliche(r) …
- Du als Erwachsene(r) …
- Besondere Erinnerungen …

DATUM:

THEMA:

DATUM:

THEMA:

DATUM:

THEMA:

Datum:

Thema:

DATUM:

THEMA:

Briefe an meine Verwandten und Freunde

Lieber Gott, steh meiner Familie und meinen Freunden bei. Bring ihrem heimgesuchten Geist Frieden. Gib ihnen die Gewißheit, daß ihre Liebe mir Stärke verleiht. Hilf mir, daß ich ihnen meine Dankbarkeit und Wertschätzung für alles, was sie für mich tun und tun werden, zeige. Hilf ihnen, mich an Freud und Leid teilhaben zu lassen, so daß ich ihr Leben mit ihnen ebenso teilen kann wie sie meines mit mir.
Möge dies eine Zeit der inneren Suche sein. Lehre mich, das Gute und Schöne im Leben mehr zu schätzen, und gib mir die Kraft, dies auch anderen zu vermitteln.

Datum:

Thema: *Ich muß Dir einfach sagen, daß ich krank bin …*

DATUM:

THEMA: *Ich bin so froh, daß Du zu meinem Leben gehörst …*

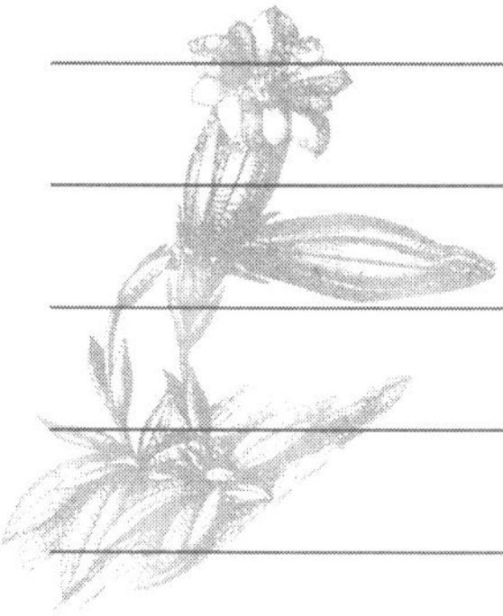

DATUM:

THEMA: *Seit der Diagnose fällt es mir schwer, mich zu orientieren. Bitte entschuldige, daß ich mich so lange nicht mehr bei Dir gemeldet habe …*

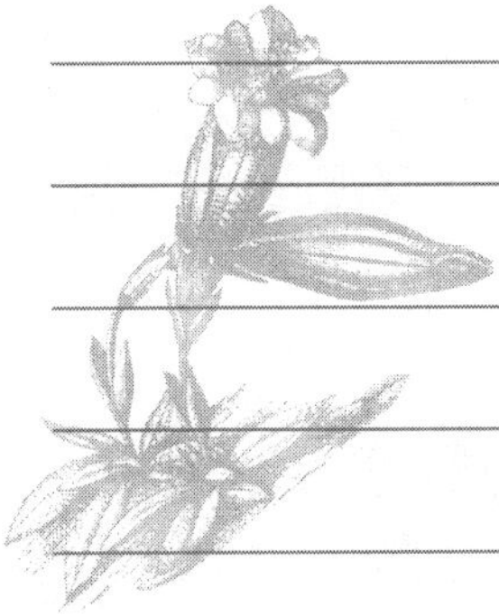

Datum:

Thema: *Du stehst mir so nahe, daß ich oft das Gefühl habe, daß Du einen großen Teil meines Leidens auf Deinen Schultern trägst …*

Datum:

Thema: *Seit ich krank bin, rufst Du mich nicht mehr so häufig an und besuchst mich auch nicht mehr. Ich fühle mich …*

DATUM:

THEMA: *Danke, daß Du mir zuhörst …*

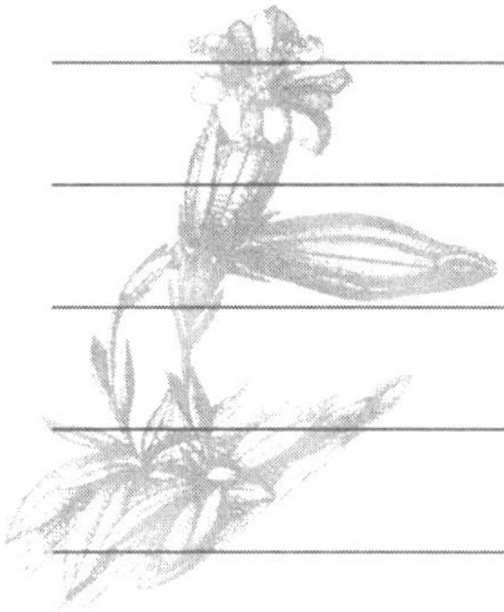

Datum:

Thema: *Ich bin wütend …*

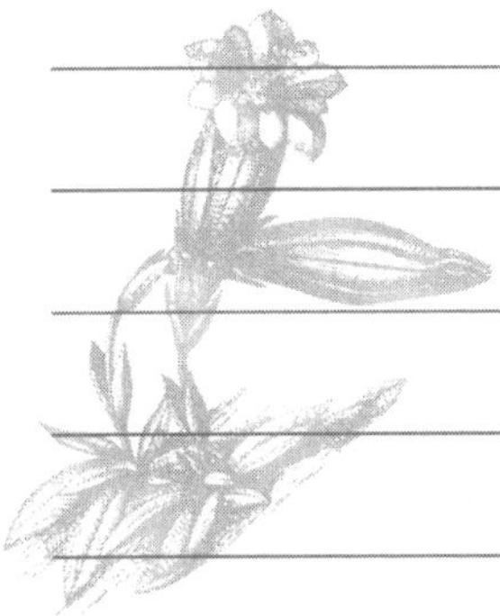

Datum:

Thema: *Ich schreibe Dir einen Brief, weil es Dinge gibt, die ich Dir einfach nicht mündlich sagen kann …*

Datum:

Thema: *Mir scheint, als würdest Du mich mit anderen Augen ansehen, seit Du weißt, daß ich krank bin …*

DATUM:

THEMA: *Es bedeutet mir so viel, daß Du in dieser schweren Zeit zu mir hältst und für mich da bist …*

DATUM:

THEMA: *Es hilft mir sehr, daß ich Dir von ____________________ erzählen durfte …*

Datum:

Thema: *Ich wünschte, Du würdest häufiger mit mir über die Krankheit sprechen …*

DATUM: ______________________________

THEMA: *Ich habe das Gefühl, Dir eine Last zu sein …*

Datum: ______________________________

Thema: *Es fällt mir schwer, darum zu bitten – doch ich brauche Deine Fürsorge, Deine Unterstützung und Deine Hilfe in diesen schweren Zeiten wie noch nie zuvor …*

Datum:

Thema: *Es fällt mir schwer, mit Dir über ____________ zu reden …*

DATUM: ______________________________

THEMA: *Ich habe in der Behandlung einen Rückfall erlebt …*

Datum:

Thema: *Deine Unterstützung und Fürsorge inspirieren mich und geben mir Kraft. Ich bin so dankbar für Deine Freundschaft …*

DATUM:

THEMA: *Danke, daß Du so gut für mich sorgst. Aber bitte vergiß nicht, Dein eigenes Leben zu leben, mit Deinen Freunden auszugehen und Dich zu amüsieren …*

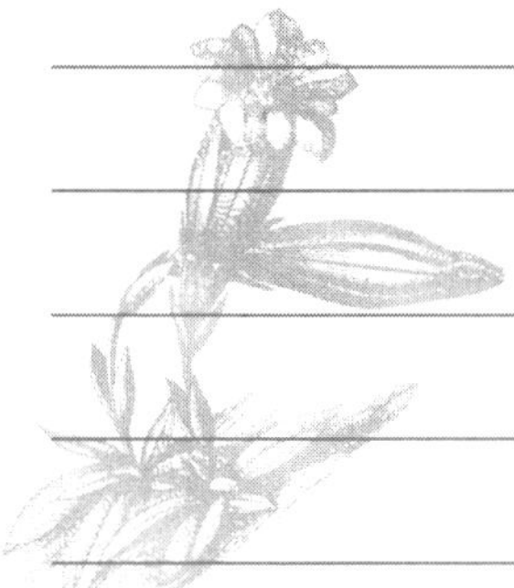

DATUM:

THEMA: *Es ist sehr wichtig für mich, mit Dir über alles ganz offen sprechen zu können. Wenn es Themen gibt, über die Du nicht reden kannst oder willst, könntest Du mir vielleicht einen Brief schreiben …*

DATUM:

THEMA: *Ich mag Dich …*

DATUM:

THEMA: *Ich will Deine Freundschaft nicht verlieren …*

Gedanken zu Verwandten und Freunden

- Unsere gemeinsamen Erlebnisse …
- Gespräche, an die ich mich erinnere …
- Wir haben so gelacht …
- Meine Lieblingserinnerungen …
- Was ich von Dir gelernt habe …

Datum:

Thema:

Datum:

Thema:

Datum:

Thema:

Schlußbrief von Cathy und Robin

Liebe Leserin, lieber Leser

Vielleicht fragen Sie sich, was Sie nach Beendigung dieses Tagebuches jetzt tun sollen. Wir haben ein paar Vorschläge für Sie. Gehen Sie ins nächste Schreibwarengeschäft, und kaufen Sie sich ein neutrales Tagebuch, ein Ringbuch oder einen Block. Es kommt nicht darauf an, was es ist. Der Zweck besteht darin, daß Sie weiterhin Tagebuch führen und Briefe schreiben. Wenn Sie möchten, können Sie die Themen aus dem *Tagebuch meiner Heilung* in Ihr neues Tagebuch übertragen. Genausogut können Sie sich aber auch ein ganz neues Tagebuch schaffen, eines, das Sie ganz nach Ihren eigenen Bedürfnissen gestalten.

Wir hoffen, daß Sie weiter schreiben, damit Sie verstehen, was in Ihnen und in Ihrer Welt vor sich geht und wie Sie damit umgehen können.

Wenn Sie auf den Weg zurückblicken, den Sie bisher gegangen sind, gab es zuweilen sicherlich unerwartete Umwege, die Sie auf neue Seitenstraßen führten, bevor Sie wieder auf den ursprünglichen Weg gelangten. Es gab Stürme, die Sie zwangen, in einer Hütte am Wegesrand Zuflucht zu suchen. Manchmal haben Sie sich Ruhe gegönnt, ein Picknick gemacht, ein Buch gelesen. Manchmal hat Sie der Nebel daran gehindert, das zu erkennen, was vor Ihnen oder vielleicht sogar dicht neben Ihnen war. Aber genauso gab es Zeiten, in denen der Himmel Ihnen blauer denn je vorkam und in denen die Sonne Ihr Herz erwärmte. Wir wissen nicht, was die Straße, die vor Ihnen liegt, sonst noch für Sie bereithält, wahrscheinlich etwas von dem, was Sie bereits kennen, und – ganz sicher – ein paar Überraschungen. Es war uns eine Freude und eine Ehre, Sie auf diesem Teil Ihrer Reise zu begleiten. Alles Gute!

Ihre Cathy und Robin

Danksagungen

Ein herzliches Dankeschön an jeden Mitarbeiter und jede Mitarbeiterin beim Verlag Main Street Books, der oder die zum *Tagebuch meiner Heilung* beigetragen hat. Unser besonderer Dank gilt unserer Lektorin, Lori Lipsky, und ihrer Assistentin, Frances Jones.

Unser Dank gilt auch unserer Agentin Susan Golomb. Sie hat uns durch sämtliche Hochs und Tiefs begleitet.

Dank sei auch all den mutigen Menschen, die mit uns gesprochen haben. Ihre Erfahrungen und Einsichten haben uns bereichert und sind die Essenz dieses Tagebuches.

Danke auch an Michael und Nat – unsere Ehemänner –, deren Güte, Unterstützung und Liebe uns jeden Schritt unseres Weges erleichtert haben.

Und wir danken Katie, Johnnie und Matthew – unseren Kindern –, deren Elan, Begeisterung und Freude jeden Tag unseres Lebens mit Heiterkeit erfüllen.

Cathy und Robin

Weiterführende Literatur

Anderson, Greg; *Diagnose Krebs: 50 erste Hilfen.* Rowohlt, 1996

Baldiga, Jürgen; *Etwas Besseres als den Tod finden wir allemal.* Edition diá, 1992

Barasch, Marc I.; *Ich suchte meine Seele und wurde gesund. Heilung als Reise nach innen.* Scherz, 1996

Brennan, Barbara Anne; *Licht-Heilung. Die Aura im Gesundungsprozeß – Anleitung zur Selbstheilung.* Goldmann, 1995

Brennan, Barbara Anne; Licht-Arbeit. *Das große Handbuch der Heilung mit körpereigenen Energiefeldern.* Goldmann, 1995

Burnfield, Alexander; *Multiple Sklerose. Ein Erfahrungsbericht.* Fischer, 1988

Burnham, Betsy; *Sterben in den besten Jahren. Erwartungen des Kranken, der weiß, daß sein Leiden unheilbar ist.* Liebenzeller Mission, 1994

Chopra, Deepak; *Ayurveda – Gesundsein aus eigener Kraft. Zu einem neuen Denken über Krankheit und Gesundheit.* Goldmann, 1993

Chopra, Deepak; *Die Körperzeit. Mit Ayurveda jung werden, ein Leben lang.* Lübbe, 1994

Coughlin, Ruth; *Zeit zu trauern. Eine Liebesgeschichte.* Droemer Knaur, 1995

Cousins, Norman; *Der Arzt in uns selbst. Wie Sie Ihre Selbstheilungskräfte aktivieren können.* Rowohlt, 1996

Epstein, Gerald; *Gesund durch die Kraft der Vorstellung. Ein Übungsbuch.* Kösel, 1992

Hirshberg, Carlyle/Barasch, Marc I.; *Unerwartete Genesung. Die Kraft zur Heilung kommt aus uns selbst.* Droemer Knaur, 1995

Kindermann, Walter; *Aids. Ratgeber für Betroffene, Gefährdete und Angehörige.* Lambertus, 1987

Kübler-Ross, Elisabeth; *Befreiung aus der Angst. Berichte aus den Workshops: «Leben, Tod und Übergang»*. Kreuz, 1983

Kübler-Ross, Elisabeth; *Leben, bis wir Abschied nehmen.* Gütersloher Verlagshaus, 1991

Kübler-Ross, Elisabeth; *Was können wir noch tun? Antworten auf Fragen nach Sterben und Tod.* Gütersloher Verlagshaus, 1994

LeShan, Lawrence; *Diagnose Krebs. Wendepunkt und Neubeginn. Ein Handbuch für Menschen, die an Krebs leiden, für ihre Familien und für ihre Ärzte und Therapeuten.* Klett-Cotta, 1995

Love, Susan; *Das Brustbuch. Was Frauen wissen wollen.* Limes, 1996

Mechtel, Angelika; *Jeden Tag will ich leben. Ein Krebstagebuch.* Fischer, 1993

Moyer, Bill; *Die Kunst des Heilens. Vom Einfluß der Psyche auf die Gesundheit.* Goldmann, 1996

Siegel, Bernie; *Prognose Hoffnung. Heilerfolge aus der Praxis eines mutigen Arztes.* Econ, 1996

Siegel, Bernie; *Mit der Seele heilen. Gesundheit durch inneren Dialog.* Econ, 1995

Einleitung von Cathy und Robin

Liebe Leserin, lieber Leser

Herzlich willkommen. Sie halten das *Tagebuch meiner Heilung* in Händen, weil Sie mit einer Krankheit leben müssen. Wir wissen, wie manche Diagnosen das Leben verändern können. Wir hoffen, daß dieses Tagebuch Sie auf Ihrem Weg durch die Krankheit begleiten kann. Vielleicht erschreckt Sie die Krankheit, die bei Ihnen festgestellt wurde, und Sie haben das Gefühl, mit einer Situation konfrontiert zu sein, die Sie noch nie erlebt haben. Aber die Situation ist gar nicht so neu und unbekannt.

Vor Ihrer Geburt lebten Sie im Schoß Ihrer Mutter. Dort waren Sie geborgen, es war warm, ruhig und friedlich. Sie fühlten sich wohl, und für Ihre Bedürfnisse war gesorgt. Neun Monate lang lebten Sie in einer vertrauten Welt, in der nichts und niemand Sie störte.

Doch dann begann Ihre Welt sich grundlegend zu verändern. Irgendeine unbekannte Macht drehte Sie herum und stieß Sie in eine gänzlich neue Welt hinaus. Man gab Ihnen einen Klaps auf den Po, die Temperatur veränderte sich, man wickelte Sie in Tücher. Alles war anders. «Wo bin ich, und was geschieht mit mir?» haben Sie vielleicht gefühlt, als Sie sich weinend umsahen.

Gott sei Dank wurden Sie bald einem Menschen in die Arme gelegt, der Sie liebte und umsorgte. Als Sie das spürten, beruhigten Sie sich wieder. Aber trotzdem blieben Sie unsicher, verwirrt, verängstigt und fühlten sich unbehaglich. Sie würden eine Zeit brauchen, um sich an die neue Welt zu gewöhnen.

Wenn der Arzt eine Krankheit bei Ihnen diagnostiziert, so ist das mit einem Geburtstrauma durchaus zu vergleichen. Sie verlassen eine vertraute Welt und betreten eine neue, fremde und häufig beängstigende. Statt des Schocks, den der Lärm, das helle Licht und die Tücher, in die man Sie wickelte, bei Ihnen als Baby hervorriefen, erleben Sie nun den Schock der Diagnose, der fremden Sprache medizinischer Terminologie und Ihrer eigenen Verunsicherung. Das Leben, das Sie bisher geführt haben, beginnt, sich – zuweilen in rasendem Tempo – zu verändern.

Dieses Tagebuch versteht Sie. Es weiß, was Sie erleben, manchmal vielleicht sogar noch bevor Sie selbst es so recht durchschauen. Es ist Ihr Begleiter, der Ihnen durch Ihr eigenes Schreiben – Tagebucheintragungen und Briefe an Ihre Familie, an Freunde und Kinder – Stärke, Trost und das Gefühl, Ihr Leben wieder unter Kontrolle zu haben, gibt. Es hilft Ihnen dabei, Ihre Reise durch diesen so schweren, doch gleichzeitig auch sehr erkenntnisreichen Lebensabschnitt zu überstehen.

Bereits seit vielen Jahren helfen und begleiten wir Familien, Freunde und Patienten, die mit einer schweren Krankheit leben müssen. Die Erfahrungen, die wir gemeinsam mit den betroffenen Menschen gesammelt haben, bewogen uns dazu, dieses Tagebuch zu entwerfen. Wieder und wieder hat die Kombination aus persönlichem Tagebuch und der Intimität des Briefeschreibens Kranke mit innerer Stärke, Klarheit, Entschlußkraft, mehr Verständnis für Ihre eigene Situation und innerem Frieden erfüllt. Kurz bevor das Buch fertig war, wurde bei Cathy Moore Brustkrebs diagnostiziert. Täglich mußte sie sich nun mit neuen Entscheidungen über Behandlungsmethoden, plastische Operationen, Veränderungen ihres Lebensstils und, nicht zu vergessen, mit den emotionalen Problemen, die mit dieser Krankheit einhergehen, auseinandersetzen. Sie konnte selbst beobachten, wie hilfreich das Tagebuch- und Briefeschreiben, wie wir es hier vorschlagen, sein kann:

- «Das Papier verurteilt mich nicht und versucht auch nicht, mich zu verändern. Es hört bedingungslos zu, und auf jeder Seite habe ich Gelegenheit, Altes abzustreifen und einen neuen Anfang zu wagen.»